行動の品質

行動の「質」を高める思考と実践

伊藤健太
株式会社ウェイビー代表取締役社長

フォレスト出版

はじめに

なぜ、**僕たちは同じ人間にもかかわらず、成果に対して大きな差がつくのでしょうか？**

知識やスキルの差でないことは、多くの人が感覚的に気づいています。

たとえば、同じ商品・サービスを扱う新人の営業パーソン100人を想像してみてください。

4月に入社し、同じ研修を受けて、営業に配属されました。

そこから数カ月〜1年もすれば、明確に1位から100位まで順位がつきます。しかも、1位と100位では、10〜100倍くらい、成果が違うこともあります。

同じスタートだったのに、同じ商品・サービスだったのに――。

このように、決定的に成果の差を分けているものは、何なのでしょうか？

このような成果の差は、ビジネスの世界だけでなく、学生時代も、アルバイト時代も、スポーツをやっているときも、プライベートでも、どんなときでも遭遇してきました。

僕は、この正体が気になって気になって仕方ありません。

やる気がある人の集団「起業家」でも、成果の差が出るという現実

はじめまして、伊藤健太と申します。

僕は「起業家」という、ある意味で一番リスクをとってチャレンジしている人を、これまで10年間で1万人以上支援してきました。

僕自身は23歳のときに病気をし、資本金5万円で小学校友人4名と起業をしています。

起業家は、義務的に働いている、働かされている人とは決定的に異なり、皆、自ら

選択し、チャレンジすることを選んだ、ある意味、選ばれし人たちです。

正直に申し上げて、「やる気がある人」と「やる気がない人」が混在しているサラリーマンの世界だと、何が原因で成果の差がついているのかを正確にはつかみにくいものです。なぜなら、そもそもやる気がない人から成果が生まれることはないからです。

だから、サラリーマンの世界ではうまく抽出しにくい成果の差を生み出す原因を、起業家の中での比較や経験から見れば、少しはわかるのではないかと考えたのです。

気になりませんか？

成果を分けるものとは、いったい何なのか？

僕は、10年にわたる起業家支援の中で、いつも考え続けている問いがあります。

「うまくいく起業家と、うまくいかない起業家の違いは何なのか？」

ということです。

もちろん全員とは言いませんが、起業家の多くは、とても主体的で、専門性も持ち合わせた人たちです。皆、命がけで、一生懸命やっています。

でも、その中でも、勝ち負けが如実に分かれます。

それは、**スタート時点の、お金の量が多い・少ない、良い大学を出ている・出てない、良い会社を出ている・出ていない、年齢が高い・低いは、さほど関係ありません。**

「何でだろう、何でだろう」といつも考えていました。

起業家という、ある意味、これ以上調査サンプルとしてフェアな状態の人はいないでしょう。皆、やる気は十分な人たちばかりです。

この起業家の中でうまくいく、いかないを決めているものがわかれば、起業家以外の人にも当てはめることができると思ったのです。

発見！　成果を出している人の共通点

最初は、いわゆる頭の良い人（＝良い大学を出ている）がうまくいくと思っていました。

ただ年々、起業家の支援数が増えていくにつれ、**頭の良さとは違う要因が影響している事実に直面するようになりました。**

頭の良い人が必ずしもうまくいくわけでもありません。大学を出ていない、または大学の偏差値はあまり高くない起業家でも、圧倒的な成果を出している人が多く存在するのです。

では、何なのか？

お金（資金力）なのか？
前職での経験なのか？
地域や業種なのか？
はたまた、運なのか？

もちろん大前提として、スキルや経験、頭の良さ、お金の量（資金力）などがあるに越したことはありません。

でも、間違いなく「それらだけではない」と確信できたのです。

もちろん、成果はあらゆる因果関係がつながったものなので、正確に言えば、際限がないのかもしれません。

ただ、明らかに成果を出している起業家と一緒にいると、話が合う、節々彼らの話を聞いていると、皆が心底共感し、「そうだよね、そうだよね、何で皆（成果を出していない人）は、反対なんだろう」と言っているものがあります。

これを「起業家あるある」と片付けてはいけないと思っています。

僕はしょっちゅうこの「あるある」に直面しています。

成果を出している「起業家あるある」――。

僕はそれを「行動の品質」と呼ぶことにしました。

成果を出す人は、決定的に「行動の品質」が高い。

成果を出さない人は、決定的に「行動の品質」が低い。

意識的か無意識的かはわかりませんが、成果を出す人は「行動の品質」にとてもこだわっているのです。

「行動の品質」の定義

「行動」というと、**「量」「スピード」「質」**などに分けて論じられるケースが多いでしょう。一般的に、これら3つを比較しながら、「どれが一番大切か？　重要か？」という命題に対して、それぞれの専門家が自分の知見や経験を基に、それぞれの主張を繰り広げてきました。このようなビジネス書も多く出版されています。

「行動はやっぱり量でしょ。大量行動で結果がついてくるものだ」

「まずはやってみよう。『すぐやる』が大事。見切り発車の勢いで、やりながら修正していけばいいんだから」

「ある程度、プランを立ててからじゃないと。とんちんかんなことになったら意味ないでしょ。やっぱり質でしょ」

どれも間違ってはいません。それぞれの立場で、それなりの説得力があります。

僕がお伝えしたいのは、**これらは「比べるものではない」**ということです。量もスピードも質も必要であり、大切なのです。

ただ、そこには**バランス**があります。

求められるバランスも、人や仕事の内容によってさまざまです。

自分にとっての最高のバランスが何かを自覚している。

そのバランスを自覚したうえで、どのような行動をとっていけばいいのかが見えている。

そして、その行動をどんどん遂行できる。

それが、僕の言う「行動の品質」が高いかどうかの基準になります。

行動の品質を高めるためには、いくつかの必要不可欠なエッセンスがあります。

本書では、そのエッセンスを**マインド面**、**実践面**の両面からお伝えします。あなたの明日からの行動が変わるきっかけとなれば幸いです。

行動の品質
CONTENTS

第1章 「行動の品質」を高める前に必要なこと

第2章

「行動の品質」を高める3つのポイント

第3章 「行動の品質」を育む方法

第4章
「行動の品質」を高める【超実践編】

——とんでもない結果を生める

装幀◎河南祐介（FANTAGRAPH）
本文デザイン＆図版作成◎二神さやか
ＤＴＰ◎株式会社キャップス

第1章

「行動の品質」を高める前に必要なこと

「ピンチはチャンス」と、実際に思える人の思考回路

行動の品質の話をする前に、まず行動の品質を生み出す大前提の話をさせてください。

大前提とは、**マインドセット**のことです。

マインドセットとは、**「考え方を司る源」**だと思ってください。

何かを見たとき、直面したときにどう考えるのかを司り、何かをしようと思ったときにどうするのかを司っています。考え方の源になっているものです。

マインドセットが変われば、同じ事実を見たとしても、人によって考えることは真逆になります。

たとえば、「ピンチはチャンス」という言葉は、よく言いますし、聞いたことは誰でもあるでしょう。

でも、本当にピンチに遭遇したときに「チャンスだ！」と思う人は、どれくらいい

るでしょうか?

実際は、多くの人にとっては、「ピンチはただのピンチ」です。

でも一方で、「ピンチはチャンス」と本当に思う人が実際に存在します。

「ピンチをチャンス」と思った場合。

「ピンチをピンチ」と思った場合。

あなたも実際に想像してみてください。

言葉では知っていても、新型コロナのような実際のピンチに遭遇したら、どう思う(思った)でしょうか?

どちらで思うかで、考えること、やることは、こんなにも大きく違ってきます。

■ピンチをピンチと思った人

◎ピンチなのでやばい、やばい、どうしようと思考停止に。
◎追い詰められてどんどんストレスが増す。
◎逃げ出したいとネガティブになっていく。
◎そもそも戦う気持ちがない。

■ピンチをチャンスだと思った人

◎「ピンチが来た」＝「チャンスが来たー！」
◎この局面をうまく乗り越えることができれば、圧倒的な成長ができるぞ。
◎「伝説になる、戦う気持ちしかない」と前向きなパワーがいっそう出てくる。

このマインドセットの違いが、結局は考え方を変え、行動を変えています。その結果が、成果を変えているのです。

ピンチをピンチと思う人、チャンスと思う人の違い

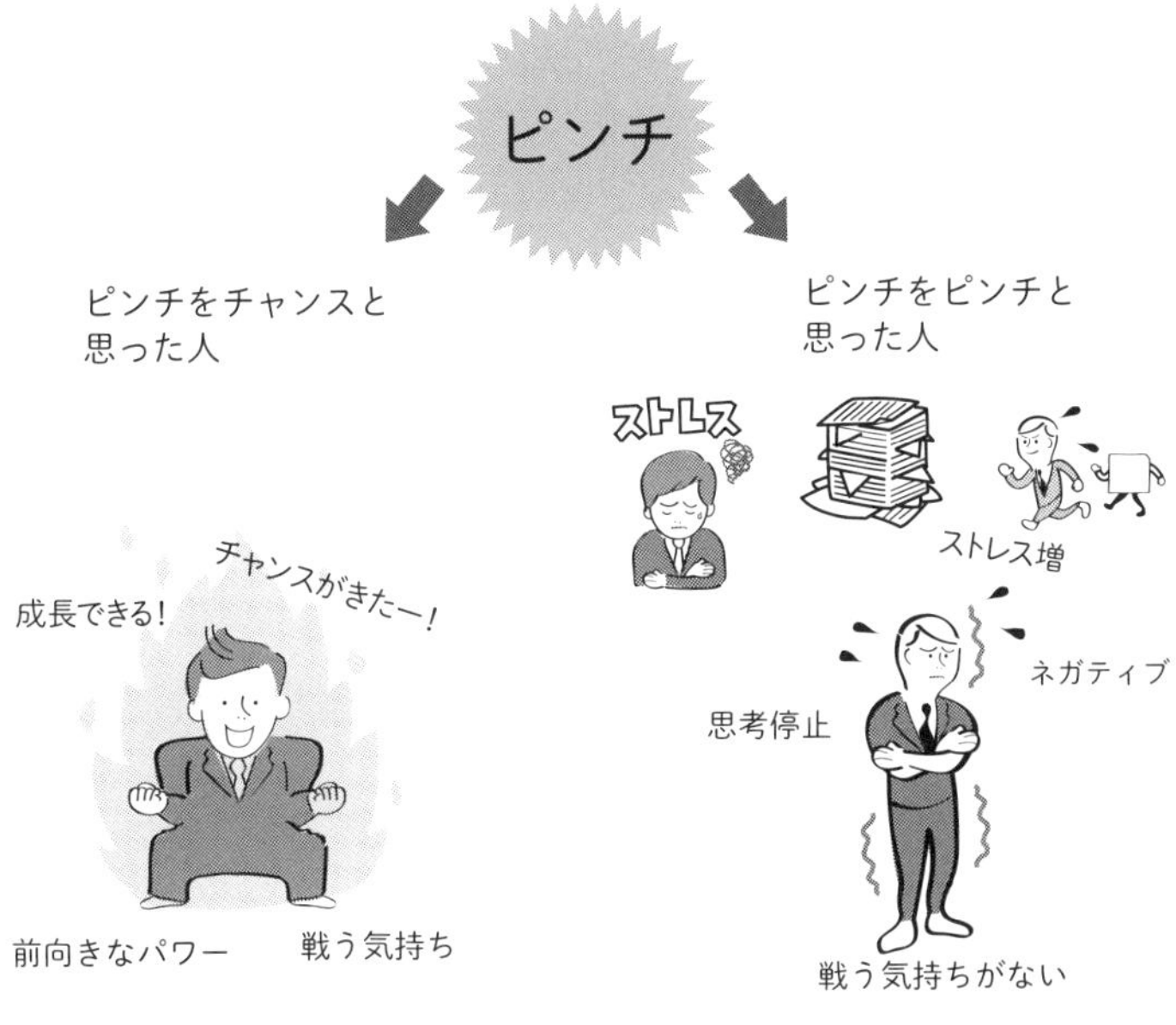

- ピンチがきたー＝チャンスがきたー。
- この局面をうまく乗り越えることができれば圧倒的な成長ができる。
- 伝説になる、戦う気持ちしかないと前向きなパワーがいっそう出てくる。

- ピンチなのでやばい、やばい、どうしようと思考停止に。
- 追い詰められてどんどんストレスが増す。
- 逃げ出したいとネガティブになっていく。
- そもそも戦う気持ちがない。

同じ事実であっても、考えることが、マインドセットによってまったくもって変わります。

どのように考えるのかによって、行動することも変わります。

だから、結果も変わります。

自転車に乗るまで100回転ぶことは、成功か？　失敗か？——マインドセットで、結果の評価の仕方が変わる

結果自体の評価の仕方も、マインドセットによって、まったく反対になります。

たとえば、誰しも、どんな人でも、自転車に乗れるようになるためには「100回」は絶対に転ばないと乗れないとします。つまり、101回目には乗れるようになるとします（世の中、どんなことでも、ほとんどはこのようなことだと思いますが、当事者には100回ということが見えていなかったりします。100回とはもちろんたとえの数字です）。

その前提で考えたときに、100回転ぶことは失敗ですか？　成功ですか？　どち

らでしょうか？

これは、「自転車を乗れるようになること」をゴールとするのであれば、もちろん１００回転ぶことは成功になります。

では、どうやったら一番早く自転車に乗れるようになりますか？

答えは、最速で１００回転ぶことです。

１００回転ぶことは、絶対必要条件だからです。

でも実際はどうでしょうか？

あなたが自転車を初めて買ってもらって、最速で１００回転ぶことをしますか？

多くの人はしません。いかに転ばないようにするかを考えることを最初にします。

なぜでしょうか？

転ぶことを失敗だと思っているからです。

絶対にできるわけがないのに、「最初の1回目からどうしたら転ばないで乗れるか？」を考えて、最初の1回目に挑むことに時間がかかっています。

これは、自転車に限った話ではありません。

人生のほとんどの物事は、この自転車の話のようなことだと思っています。

どんなことであっても物事が上達するための普遍的な本質が、この自転車の話にはあるのです。

失敗は、転ばないこと

このように机上の話だと、皆、頭では理解ができ、「確かにそうだよな」と思います。わかったつもりになります。

ただ、**知識を得たり、知っただけでは、残念ながら変わりません**。

頭の中の世界ではなく、現実の世界では、実際は良いマインドセットを持っている人と、そうでないマインドセットの人で、やっぱりというべきか、取る行動は変わってきます。

今回の自転車の話で言えば、まず自転車に乗って、絶対に早く転ぶべきなのです。転ぶことは成功なのですから。

短期の失敗は、転ばないことです。その失敗をしてしまうと、ゴールである「自転車に乗ることができる」という成功もつかめなくなってしまいます。

短期の成功は、転ぶことです。転ぶことによって、長期の成功である「自転車に乗ること」ができるのです。

しかし、多くの人が「短期の成功を間違えて、長期の成功は当たり前に逃す」ことをしています。

マインドセットが変われば、結果の評価の仕方が変わります。結果の評価の仕方が変わると、今やるべきことが変わり、成果に大きくつながっていきます。

これまで学校や社会で学んできたことは、マインドセット上のアプリに過ぎない

学校をはじめ、何かを勉強しようと思うと、多くの成果の出ない人はわかりやすい問題解決方法（知識やスキル）を学ぼうとします。

この問題解決方法も大切なのですが、これらは、ある意味でたくさんある手段の1つ2つ3つに過ぎません。ビジネス書やセミナー、ＴＶなど、多くの学びや教えていることなども同様です。

これまで習ってきていることは、スマホで言えばアプリです。

アプリももちろん大切なのですが、「アプリがなぜ動くのか？」「どのように動くのか？」は、スマホ自体のＯＳや使っている人によります。

ＯＳとは「Operating System」（オペレーティング・システム）の略で、アプリを動作させるための基本となるソフトウェアのことです。具体的には、キーボードやマウス・タッチパッドなどのデバイスから入力した情報をアプリケーションに伝え、またソフトウェアとハードウェアの連携を司る中枢的な役割を果たします。

このＯＳが、まさにマインドセットです。

マインドセットが違ったら、アプリは動きません。

そのためには、根本的に「どこにフォーカスすべきか？」と言えば、アプリもさることながら、**マインドセットにフォーカスしないと、成果は変わらない**ことを知っておかなければいけません。

マインドセットがその人の根本的な考え方の源だとすると、その上に乗っかってくる考え方＝知識やスキルはただのアプリとなります。アプリは、簡単に言えば武器や手段。ただ、その**武器を本当に使いこなせるのかどうかは、マインドセットにかかっ**

ているのです。

アプリをたくさん増やそうとしても問題解決はしないことが多いのは、このためです。アプリコレクターにならないようにしたいものです。

先ほどの「ピンチはチャンス」の話も、ただ聞いただけでは知識であって、これはマインドセットの領域ではありません。「そのように考えるべき」という考え（＝武器や手段）を知ったに過ぎません。

この「ピンチはチャンス」という考えを知っただけの人が、実際にピンチの局面に遭遇した際に、ピンチはチャンスと本当に思うことはできません。頭の中ではその言葉がよぎるかもしれませんが、ピンチに遭遇したら、ピンチだと実際は思ってしまうわけです。

考え方やスキルだけを身につけても、問題は解決しません。結局は武器を使いこなせないからです。

成果を出すためにするべきことは、マインドセットを変えていくこと、強化していくこと、成長させることです。

根源的に、自然的に、無意識にそのように思うのか、ある意味、頭ではわかっているけれど、実際はそうは思えなければ、考え方、行動においての迷いの有無、量や質に大きな影響を与えます。

「マインドセットがどういう状態か」によって、結果として、成果が大きく変わるのです。

第2章

「行動の品質」を高める3つのポイント

マインドセット=「行動の品質」を大切にする

僕が10年間で1万人を超える起業家のお手伝いをする中で、良いマインドセットを持っている人は、結果として「行動の品質」が決定的に高いということがわかりました。

行動の品質とは、

「成果を出すために、最少のエネルギーで、最大にして最高の成果を得ようとする考え方・行動」

のことです。僕が定義をした考え方です。良いマインドセットを言語化したものだと考えていただいてもOKです。

一石二鳥どころか、一石三鳥、一石四鳥、一石五鳥をどうしたら実現できるのかの考え方、行動のことです。「行動の品質」とは、飛び抜けた成果を出すために欠かせない考え方になります。

成果とは、お金を生み出すことだけではありません。問題を解決することや、成長することと、わかりやすく成果を出すことすべてを含んでいます。何に対しても使えます。誰でも使えます。世界中どこでも通用すると思っています。

また、短期の視点、中期の視点、長期の視点、どの視点でも当てはまるものです。

この瞬間、瞬間の問題解決という、短い視点の話だけではありません。

「行動の品質」を高める3つのポイント

「行動の品質」をさらにわかりやすく分解すると、次の3つになります。

①最速最短最少で最大最高最適な成果を出すことを最優先で考える。
②1つの行動がそれだけで終わらず、良い波紋を広げることを考える。
③自分だけでなく、そもそもまわりを巻き込もうと考える。

この3つのポイントを基本として考えていくと、世の中で多くの常識とされることやこれまで学んできたこと、言われていることなどの一般論自体が間違えていて、成果から遠ざかる結果になることがわかります（正確に言えば、間違えているわけでなく、変わってきたことと、ケースにもよること）。

成果を出している人は、成果を出していない人と反対のことや違うことをやっています。だから、成果が際立って出ます。

多くの常識やこれまで習ってきたこと、いわゆる一般論は、過去のあるべきマインドセットに基づいて生まれた行動などが、時間とともに体系化、常識化したことであり、言われていることです。

たとえば、現在の教育システムは、軍隊教育をベースに構築されたものを使っています。

軍隊は垂直型の組織で、上が絶対、規律が絶対です。そのため、協調性というか、組織や集団に従うことが求められます。言われたことを何も考えずに行なうことが正しく、個人は集団のためにありました。これがマインドセットであり、このマインドセットに基づいて動くことで理想とされる結果＝「成果」であり、これが今でもなんとなく君臨しているわけです。

これがすべて悪いということではもちろんありませんが、世界が圧倒的に変わっていて、その時代、**時代に求められるマインドセットは変わっていくもの**でもあります。過去のマインドセットでは、これからの時代に求められるマインドセットには合いません。

マインドセットを入れ替えたり、どんどん成長させていくことがとても重要になります。

マインドセット自体が凝り固まってしまうと、考え方が固定されて、行動が固定されます。行動が固定されると、新しい知識や人、経験に触れる機会が減っていきます。結果として、マインドセットもどんどんと硬直していくという完全に負のスパイラルに陥ってしまいます。

最速最短最少で最大最高最適な成果を出すことを最優先で考える――行動の品質を高めるポイント①

ここからは、「行動の品質」を高める3つのポイントを詳しく解説していきます。

まず、1つ目の「最速最短最少で最大最高最適な成果を出すことを最優先で考える」です。

これは、時間、やり方、エネルギー、お金、ストレス、考え方、手段などありとあらゆる要素をできる限り使わず、最少で使って、最速で、最大にして、最高にして、最適な成果を得ようとする考え方です。

どんなときでも、

「最速最短最少で最大最高最適な成果を出す」ためにはどうすればいいか？

という問いを持つべきです。

「最速最短最少で最大最高最適な成果を出すこと」の反対にして、**成果を出せない人が大切にしているマインドセット**が、誤解を恐れずに言えば、

「1つのことをコツコツ努力する」

ことを何も疑わずに、そのように考えてしまうことです。

1つのことをコツコツ努力することは大切です。

ただ、努力がなくとも目標達成や成果が出るのであれば、それに越したことはありませんよね。

現実としてはなかなかないのですが、それは、「努力することが目的ではない」か

らです。つまり、「目標にたどり着くこと」が目的だからです。そのように考えると、努力は結果の話です。**努力も手段の1つであり、結果として「努力が必要だった」ことが正しい文脈**になるのです。

でも、なぜか世間一般のマインドセットとして、「努力することは当たり前」「努力をすることをまったく疑わない」状況にあるように思います。

「努力しなくてもうまくいく方法があれば、それに越したことはない」という、ものすごい大切なマインドセット、考え方や発想を消すことになっていることが大きな問題だと、僕は考えています。根性論、精神論、感情論がとても強いのです。

実際に日本では、「努力をしないでうまくいった」と言うと、まわりから妬まれます。これは、感覚値として日本人なら皆わかるのではないでしょうか？

日本人は血のにじむような努力の話が好きですし、そうでなく＝「努力なく成功した」ことはなかなか受け入れられません。

これが、成果を出す人と成果を出せない人の根本的な違いの1つだと考えています。

「努力なく成功した」ことを認めないことの弊害

何でもいいのですが、今まで、努力をして1年かかって習得できたことがあったとして、それが1カ月で習得できるような方法ややり方を見つけたとしたら、絶対にそちらのほうがいいですよね？

最初から「努力が絶対に必要」と思ってしまうと、**これまでのやり方や常識を疑わないで、そのままを受け入れてしまう**ことにつながってしまいます。

決して楽やズルをしてうまくいく方法があるなんて言うつもりは毛頭ありません。肉体労働的な、根性論的な、精神論的な、感情論的な話でなく、頭を徹底的に使うことをするべきです。

成果を出す人は、成果を出さない人に比べて、頭を数倍も数十倍も使っている人です。

頭を使いましょう。知恵を出しましょう。

そのための問いを変えるのです。

「最速最短最少で最大最高最適な成果を出すためには？」と。

つまり、多くの日本人の努力とは、肉体的なもの、物理的なものにフォーカスが当たっているのですが、ここで言う「努力」とは、**頭を使って、そもそもから疑うことで、もっと良い方法ややり方を見つけて、結果として圧倒的な成果に変える**ことです。

それに加えて、努力が必要となれば、当たり前にそれをいとわないことです。

1つのことをコツコツ続ける恐怖

僕は小さい頃に、野球をやっていたのですが、野球でなくサッカーがやりたくなって、親にそのことを言うと怒られました。英語を習っていたのですが、それもやめたいと思って言うと怒られました。

親の考え方（マインドセット）は、１つのことをコツコツ続け努力すべきというものでした。そのため、やっていたことをやめる＝悪いこととして否定をされる構図です。

これは、うちの親に限った話ではなく、日本全体がそのようなマインドセットで形成されています。社会システムとしても、人の評価までも、そのようになっています。1つのことをコツコツやることが正義で、正しいとなっています。

それができないと、「根性がない」という烙印《らくいん》を押され、評価を下げる仕組みになっています。

確かに1つのことをコツコツ続けることは大切です。

ただ一方で、失っているものがとても強烈にあります。

1つのことしかやらないことで、

「本来は全然向いていないことを我慢して続けなくてはいけない」

「ずっと同じ世界、同じ人と付き合うことになる」

「その世界の中で成果を出せないと、その世界での出口（キャリアをはじめ給与、ポジションなど）が決まってしまって、モチベーションを失ってしまう」

「失敗者とみなされてしまう」

「縦割りの構造となり年長者偏重になる」

「どこかのタイミングから手段が目的にすり替わり固執してしまう」

「時代変化にまったくついていけなくなる」

「イノベーションが起きない」

など、たくさんあります。

自分にとって野球よりもサッカーのほうがもっと楽しく、活躍できるのであれば、そちらを選んだほうがいいのです。モチベーションがない英語に使う時間を、他のモチベーションのあるものに使ったほうが全体として良くなるかもしれません（もちろん、次々に変えてしまうと何も習得できないといったデメリットもあります）。


「1つのことをコツコツやるべき」というマインドセットは、間違いなく日本を戦後の焼け野原から経済大国にした原動力だと思います。一概にすべてが悪いと言っているわけではありません。構造的に人口が爆発的に伸びていて、供給より需要が強い時代にあってはそれで良かったのです。

ただ、時代の変化や要請に、マインドセットのアップデートがまったくついていけていないのが現状です。

日本一の旅館が陥った
コツコツ努力するマインドセットの末路

日本の強みとして「改善がとても得意だ」と言われます。改善のことを「進歩」と言います。また、進歩に似た言葉で「イノベーション」があります。

ただ、**進歩とイノベーションは、まったく違います**。

進歩は、今の延長線上で物事を改善していくことです。

イノベーションは、今の延長線にない、まったく新しいものを生み出すことだと思ってください。

この進歩＝「1つのことをコツコツやる」ことで、世界で1番の経済的な力を誇った時期があります。

ただ最近では、**進歩では問題は解決しないどころか、進歩が行き過ぎてお節介化・コスト化している**と言われるようになってきています。

たとえば、日本でナンバー1の旅館に石川県の加賀屋さんがあります。人気旅館ランキングで1位常連の旅館です。

加賀屋さんに限らず、一般的に旅館は、部屋に通していただいてから、仲居さんが部屋によく来られますよね。

ここで少し考えてみてほしいのですが、加賀屋さんの数年前の話です。

部屋に通されてから1時間で、仲居さんが部屋に何回入ってきていたと思いますか？

僕は正直、1回も入ってこないでほしいのですが……。

正解は、なんと8回です。

こんなこと、あり得ると思いますか？

8回ですよ（笑）。7分に1回CMが入るようなものです。

当然ながら、お客様に嫌な思いをさせようと思って、やっていたわけではありません。お客様を喜ばせようと思った結果が8回部屋に訪れることだったのです。

この話は、潰れた旅館の話ではなく、日本ナンバー1の旅館のつい数年前の話です。

これは「できるだけお部屋に伺って、お茶を差し上げなさい」という加賀屋さんの創業以来の大切な価値観＝マインドセットとされていたものにすべて由来します。

ここから進歩が繰り広げられたのです。この価値観を崩さずに、もっと、もっとと考えて改善をし、進歩を繰り返した結果が、気がついたら8回のお部屋訪問になっていたわけです。

仲居さんの8回の訪問を、ほぼすべてのお客様はマイナス、ストレスに感じるでしょう。お客様はマイナス、ストレスなことをされているわけですが、仲居さんの8回の訪問にかかる人件費は誰が払っているのか？　そうです、お客様が払っているわけです。

まさにお節介化、コスト化と言われるわけです。

進歩は、往々にして自己満足的になってしまいます。そのコストはお客様が負担をします。行き過ぎると、最悪の結果になってしまうのです。

日本は、本当に進歩が得意です。ただ、あまりにも進歩が行き過ぎてしまい、あらゆるところで、このような異常とも言えることが起きています。

これから求められるのは、進歩ではなくイノベーション

20世紀の人口が爆発的に伸び、需要が圧倒的に供給よりも強い、すなわち、供給が追いつかないような状況においては、サービス・製品などで生産効率がとても重視されました。つくれば売れる時代ですので、いかに効率的につくることができるかがポイントだったのです。サービス・製品の生産効率を高めるためには、自社はどこで戦うべきかを明確にして、その領域での学習速度を速めることが勝ちパターンでした。

これが「１つのことをコツコツやる」という日本人の得意なこととリンクをして、最強の時代をつくったのです。

しかし、今、相対的に日本で求められていることは、進歩ではなく、間違いなくイノベーションです。

これは、進歩を否定しているわけではありません。相対的な話で、**進歩にしかほぼ比重がないので、バランスを取りましょう**という話です。

イノベーションとは、今現在の延長線上ではなく、新しいものを生み出そうとすることです。

オーストリアの経済学者シュンペーターは、イノベーションを「新結合」と言いました。

新しいものの「結合」です。**ニューコンビネーション**です。

あんことパンが結合してあんパンとなり、あんパンと正義のヒーローが結合してアンパンマンになりました。これが、イノベーションです。

イノベーションは、「1つのことをコツコツやっている」中では、なかなか生み出されにくいのです。

なぜなら、新しいもの同士の結合だからです。

今までの延長線上にはないものとの結合が求められます。1つのことをコツコツやることは、往々にして、新しいものとの出会いがなくなってしまいやすいマインドセットです。

1つのことをコツコツとなってしまうと、「1つしかやってはいけない」となって

「進歩」と「イノベーション」の違い

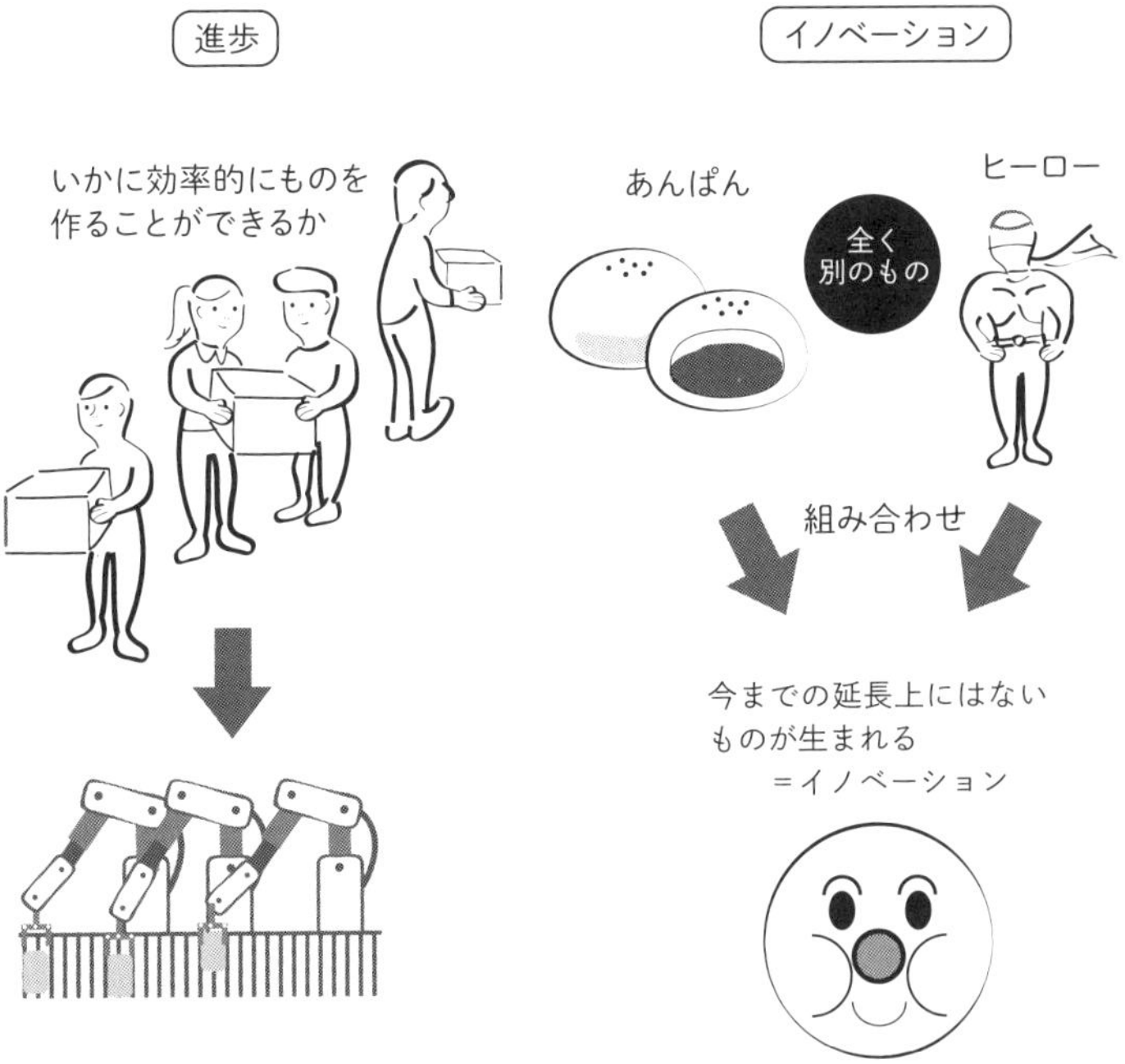

生産効率を上げることが
勝ちパターンだった

同じことのスピードや能
力を上げる

知識創造の量と質＆スピード
重視

新しい結合を起こしやすい環
境を用意する

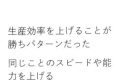

しまいますし、日本全体の仕組みとしてそのようになると、ものすごい縦割り型の構造になります。

縦割りなので、横がつながりません。ましてや、立体的なつながりなどは起きません。つまり、新しいものの結合を起こすという動きを取ることができなくなります。

21世紀の社会にあって、構造的に重要な勝ちパターンとして、**知識創造の量と質&スピード重視**と言われています。より多くの知恵を生むためには、外にどんどんと開き、組織内&外部より人、モノ、金、情報、データが集まってくる環境をつくることが価値そのものになっていきます。

つまり、どんどん新しい結合を起こしやすい環境を持っていることが何よりも重要になります。

20世紀は、「1つのことを選択して、どんどん深掘りしていくこと」が勝つためのパターンでした。当時は、とても合理的でした。大切なことは、それはそれで、今、これからがどうなっていくのかを考えて、マインドセットを変えることです。

なぜ日本の社会は、「最速最短最少」という発想を肯定しないのか？

イノベーションを別の言い方をすれば、

「今の考え方ややり方よりも、もっと簡単に、楽に、お金をかけず、時間をかけずに問題解決する方法はありませんか？」

ということです。

世界経済フォーラムU33日本代表として、世界各国の方々とコミュニケーションを取る機会に恵まれていますが、**日本は、世界的に見ると急激に経済における競争力を落としています。**

これは、マインドセットが凝り固まった結果、時代の要請についていけなかったと僕は考えています。つまり、**コツコツ努力することに固執してしまっている**わけです。

何が言いたいかと言うと、僕たちは、これまでの環境や考え方にあまりにも慣れてしまっています。

マインドセットは、環境で形成されると言われます。

つまり、これまでの環境の中には、行動の品質が問われるような環境はなかったのです。

日本はとても均質化発想が強く、「トップを伸ばす」ことよりも「ボトムアップ的な発想」がとても強い国であり、環境です。学校で隣の人と違うことをやると「KY、空気が読めない」と言われ、浮いてしまうような社会です。まわりと一緒が正しい世界です。

その中で、とても重要な考え方として、非言語的にも、言語的にも教わっていることとして、コツコツ努力をすることのすばらしさがあると思っています。努力は当たり前に、買ってでもすべきものと教わっています。

いわば、「努力しないで、成功はない」というくらいの感覚です。


もちろん、努力は絶対に必要です。

ただ、このように根強く考えてしまうと、「努力が必須」＝「準備が必然的に必要」「積み上げていくもの」「時間がかかる」「いつも何かが不足している」というニュアンスを根底に持ってしまいます。

そのことによって、「最速最短最少」という発想が生まれにくくなってしまうのです。

最初から何となく努力が必要と思ってしまうと、発想として、**「もっと良い方法を考える」**ことをしなくなってしまうのです。

これは、とても危険です。

繰り返しますが、努力することを否定しているのではありません。努力の向けるべき方向を変える必要があるのです。

ズルをするわけではもちろんなく、一刻も速くゴールにたどり着けたほうがいいわけですし、そこにエネルギーも、お金も、時間も本来はかからないのであれば、それに越したことはありませんよね。いっさい否定されるものではありません。

そのための大切な視点が、**「最速最短最少で最大最高最適な成果を出すこと」**なのです。

答えではなく、問いを変える

「最速最短最少」という発想が生まれにくい社会に生きているとわかっている僕たちは、ぜひ今までの問いかけを変えてみませんか？

最初から努力が必要と思わないで、今後は、どうやったらもっと「最速最短最少で最大最高最適な成果を出すこと」ができるか？

このように問うようにしてみてください。

どんどん問うてみてください。

「最速最短最少で最大最高最適な成果を出すこと」と。

そうすれば考えることが変わっていき、行動も変わるはずです。

問題解決の方法に固執をしないで、ぜひ、問いを変えてみてください。

問いが固定的で変わらないと、やることも変わりません。

今やっていることを10分の1の時間やコストでできないか、そもそもどうやったら今やっていることをなくすことができるかなど、問いをどんどん変えてみてください。

劇的な成果を出すためには、きっとコツコツ努力するだけでは足りないでしょう。

劇的な成果を生み出すためには、答えを変えるのではなく、問いを変えるしかありません。

すると、どこに努力すべきかが見えてきます。

そうです、**努力は、「目標にたどり着くことを早く見つける」ことに使うべきな**のです。

努力の矛先を絶対に間違えてはいけません。

目標は、1つクリアすれば、新しい目標が出てきます。きっと終わりはありません。

つまり、永久に努力は必要になるのです。

どんどん目標のステージを上げることがとにかく大切です。

成果が出ない人は、答えではなく、そもそもの問いが間違っている

多くの人は、これまでの人生で問題解決することのみと言ってもいいぐらい問題解

決法を習ってきているため、問題解決思考が強くなっています。そのため、問題解決のスキルや知識が偏重しています。

ただ、**本当に問題解決をするためには、適切な問題を設定することが何よりも大切**です。

問題解決思考しか持っていないと、問題設定を意識することはなくなります。問題を疑うことなく、表面的な問題や、一見すると問題っぽいことを問題にしているケースがよく見受けられます。

問題そのものを間違えていると、どんなに努力をして解決しようとしても、解決はされません。問題の設定を間違えているのに、一生懸命解決しようとすることほど、意味のないこと、無駄なことはありませんよね。

でも、現実にはこうしたことが散見されます。

行動の品質を上げるためには、徹底的に問題の設定がうまくできるようになる必要があります。

成果の出ない人は、間違えた問いに正しく答えている人だと思ってください。

もちろん本人は一生懸命やっているのですが、もっと問いを変えれば、答え、成果はもっと変わります。ただ、問いを間違えているので、そこにどんなに一生懸命になって答えを出そうとしても、答えは絶対に間違えます。

でも、この人はなぜ間違えたかに気がつきません。答えが間違っていたんだと思ってしまい、問いが間違っていることに気づきません。

行動の品質を上げるために、問いの設定がうまくなる方法

問題の設定がうまくなるためには、トヨタ生産方式の**「なぜ」を繰り返し続けること**がとても効果的です。

問題っぽいことがあったときに、「本当に問題なのか？」をどんどん深掘りしていく方法です。

また、**「リフレーミング」**という手法も効果的です。

リフレーミング（reframing）とは、ある枠組み（フレーム）で捉えられている物事の枠組みを外して、違う枠組みで見ることを指します。

たとえば、あなたが超高層ビルを管理している会社の社長だとします。毎朝、エレベーターホールには、入居テナント企業の従業員が長蛇の列をつくっていて、「この行列をなんとかしてくれよ」とクレームが殺到しています。

あなたなら、どのようにしてこの状況を解決しますか？

ちょっと考えてみてください。

僕は経営者向けの講演などでよくこの質問をするのですが、幾度も出てくる答えとして、

「エレベーターを新設する」

「エレベーターが止まる階と止まらない階をつくる」

「階段を利用してもらうキャンペーンを考える」

「リモートワークを推奨してもらう」

「時差通勤を推奨してもらう」

といったものがあります。

確かにこれらの答えはそれっぽいですし、間違えていないと思います。

ただ、僕からすると、これらの答えは、全部同じ答えに見えてしまうのです。

なぜならば、問題設定がすべて同じで、そこから出てきた答えだからです。**問題設定が同じだと、答えは似たものになります**。もちろん、問題設定を疑わない人からすると、それぞれの答えが違って見えるかもしれませんが……。

では、これらの答えは、そもそも何を問題としているのでしょうか?

それは、「エレベーターの輸送効率」が悪いことを問題にしています。

「どうすれば、人の輸送を効率的にできるのか?」ということです。

そのため、「エレベーターを新設しよう」とか、「スピードを上げよう」とか、はたまた「止まる階、止まらない階をつくって」と階段を利用させようとなるのです。

リフレーミングのポイントは、問題設定を変えることです。

他の人と同じ問題設定をしても、おもしろいと思われる答えは出てきません。答えがおもしろい、目のつけどころがいい答えは、往々にして問題設定が優れているのです。

ぜひあなたも問題設定を変えてみてください。そして、再度違う問題を設定してみてください。

たとえば、問題設定を「輸送効率」でなく、「エレベーターホールで待っている時間が無駄」だからクレームが起きると考えてみましょう。

つまり、待ち時間をとても楽しい時間、前向きな時間に変えることができればいいのではないか？　という問題設定はいかがでしょうか？

そのように考えると、どのような答え、問題解決方法が出てきますか？

問題解決方法とは、アイデアになるので、答えは1つではありません。

一番良さそうなものを試してみて、さらにいっそういいものにするためにＰＤＣＡを回したり、違うアイデアを試すことになります。

このように問題設定が変わると、答えが大きく変わってきます。行動の品質が上がるようになります。

行動の品質を高めるためには、問題設定を変えることにつきます。

なお、うまく問題設定ができるようになるためには、自分の知っていることを増やすことが大切になります。自分のことや業界のことしか知らないと、当たり前の観念が強くなりすぎて、その観念から抜け出せず、反射的に自動的に問題設定を決めつけてしまいます。再び「解決策がもうない」と思ってしまうかもしれません。

だから、自分の知らないことをどんどんインプットする必要があるのです。ここでまた、努力すべきものが見えてきましたよね。

問いの立て方、問題設定1つで、努力すべきことが明確になり、おのずと行動の品質が上がっていくのです。

有効なリフレーミングを実現する2つのコツ

①第三者を交えて、問題や課題を議論する

自分一人二人では思い込みや知らず知らずのうちに前提を持っていることが多々あり、それを疑うことは難しいものです。思い込みや前提を疑わないのは、問いを見直すことや新しい問いを立てることなく解決策にフォーカスしてしまうので、良くありません。

そこで第三者を交えて議論するわけです。

第三者に一番期待することは、問題解決ではありません。そのため、入ってもらう

第三者は、困っていることについての専門知識やスキルを必ずしも有している必要はありません。あなたが見ることのできない角度で物事を見ることができる人などを選びましょう。

また、その際に、あなたに遠慮をして、言いたいことが言えない人では意味がありません。自分の思いのままに話すことができる人を選ぶべきです。

②目的をしっかりと理解をしておく

窓を開けるか、閉めるかで揉めている二人がいたとします。

この揉めている原因が、実は目的がしっかりと摺り合わさっていないことでした。

一人は、新鮮な空気を吸いたいと思って窓を開けたいと思っていました。もう一人は、冷たい空気が入り込むことを避けたいので窓を閉めたいと思っていました。

この目的が共有されていなかったので、窓を開ける、閉めるで揉めていたわけです。

それぞれの目的がしっかりとわかれば、解決策は自ずと出てきます。隣の部屋の窓を開けることで解決されるわけです。

1つの行動がそれだけで終わらず、良い波紋を広げることを考える——行動の品質を高めるポイント②

圧倒的な成果を出す人は、常に今やっていることを今だけの時間軸に収まらないように意識しながら取り組んでいます。

今の行動が未来にも意味を見いだせるように、自分だけに影響するものではなく、まわりへの影響も意識しドミノ倒しのようになるような選択、レバレッジを意識した選択、貯金になる選択などを同時に行なっています。

自分が何かをやることを、**「どうしたらもっと遠くへ、もっと大きな成果に変えることができるのか」**と考え、**「この瞬間だけで終わらないように、無駄にならないように」**と考えています。

1つのことをやって1つを得るのか。1つのことをやって、波紋の如く広がっていくことを選択するのかの違いです。

成果を出すためには、一石二鳥、三鳥、四鳥、五鳥を目指して、「今、何をすべきなのか?」を選択しています。

常に一石二鳥、三鳥、四鳥、五鳥を目指したいところです。

儲かっている社長が派遣登録をする理由

ここで、わかりやすい実例を紹介します。

現役で会社経営をしているのに、なんと派遣人材として派遣の登録をしている社長がいます。

経営する会社がうまくいっていないため、資金を稼ぐために派遣の登録をしているからではありません。むしろ、うまくいっています。

その社長は、経営がいっそううまくいくようにするために、派遣登録をしているのです。

主な目的は次のとおりです。

①派遣先の会社にいることによって、自分の会社にとっても価値のある最新の情報

を手に入れることができる。
②その会社に派遣されていること（働いていること）が、自分の会社にとって箔《はく》になるような会社を選んで派遣される。

確かに、僕も小さな会社を経営しているので、この意図や狙いがとてもよくわかります。

①自分の会社以外でうまくやっている会社にお邪魔して、その考え方を知って自社に生かすことができる。
②自社では入ってこない情報や、自社ではできないようなことを先にやっているところで体験できる。
③自分の成長という観点で、自分の用意できるリソースの中だけで成長を考えるのではなく、圧倒的なリソースの中で成長を考えることができる。
④社長業しかやっていないと、発想などが凝り固まるので、違う役割をやることができたり、ネットワークが広がる。

⑤派遣される会社によっては、その会社にいること自体がバリューになる。
⑥いろいろな人の気持ちがわかる。

など、ざっと挙げるだけで、これだけメリットが出てきます。

「派遣登録して、派遣社員として働く」というたった1つの打ち手なのですが、その打ち手にたくさんの意味や効果を見いだすことができます。

「この選択をするリスクは?」という視点で考えてみても、リスクはほぼありません。

出向という仕組みは昔からありますが、人材の流動化がさらに加速する中、立場や役割などに関係なく、もっと当たり前に、かしこまった形でなく、どんどん広がっていくでしょう。

なぜなら、とても合理的ですし、イノベーションを起こすという点において、非常に意味のあることだからです。

この社長が派遣されるというケースは、お金をもらいながら情報を得たり、経験を増やしたり、ブランドをつくっています。

普通の人は、このようには考えませんよね。むしろお金を払って教えてもらおうとします。またはお金を払ってブランド強化をしようと思ったり、コンサルタントを入れて教わろうとします。お金を払って何かを得ることは誰でもできるし、思いつくものです。

圧倒的な成果を出したいのなら、また行動の品質を上げたいなら、もっと**一石二鳥、三鳥、四鳥、五鳥を考えて、何をすることが一番いいのかを考えたい**ものです。

自分だけでなく、そもそもまわりを巻き込もうと考える
――行動の品質を高めるポイント③

アフリカのことわざに「早く行きたいなら一人で行け、遠くへ行きたいならみんなで行け」というものがあります。

圧倒的に成果を出す人は、自分一人でできることの少なさや小ささを知っています。

そのため、「まわりをどうやったらうまく巻き込むことができるのか？」を構想する前から考えています。まわりをうまく巻き込むためには、自分はどうあるべきか、どのように行動すべきかを考えることになります。独りよがりな人では成果を出しに

くいからです。

「まわりを巻き込む」という考えには、さまざまなことが含まれています。

まず、目標やその道筋が見えています。見えているというか、明確になっていると言えばわかりやすいでしょうか。

たとえば、あの山に登ろうと思った場合に、どうやって登るのが一番良いのかを考え、その考えに基づいて巻き込む人が浮かんでいます。つまり、まわりを巻き込むには、全体が見えている必要があります。視野が広くなければできません。

視野を広げるには、次のことを考えられなければいけません。

◎先のことから逆算してどのようなことが起きるのか?
◎その際にどういう人がいたらいいのか?
◎どういう座組みでやっていればいいのか?

また、巻き込む人が見えたとしても、「どうすれば、その人は巻き込めるか?」を考えなければいけません。

お金で解決できることもありますが、お金では解決できないこともあります。そもそも、相手が納得して協力してもらえるぐらいのお金を持っている人のほうが少ないからです。

つまり、**「お金以外の要素でまわりの人を巻き込むことができるか？」**がとても重要なことになります。

圧倒的な成果を出す人は、「まわりを巻き込もうとする」マインドを持っているわけですが、さらに分解すると、「お金以外の理由で、まわりを巻き込むことができる人」と言えます。

お金以外の理由で、まわりを巻き込むのは、平たく言えば、人間力と言ってもいいかもしれません。巻き込みたい相手に「あなたが言うなら、協力するよ」と言わせるぐらいの人間力を培っているかどうかです。僕たちがどのようにあるべきか、振る舞うべきか、話を持っていくべきか、日頃の行ないや信頼関係が問われます。

巻き込む力を強化するためにやったほうがいい「メタ認知」

メタ認知とは、「メタ（高次の）」という言葉が指すように、自己の認知のあり方に対して、それをさらに認知することです。

物事や経験に対して正しい理解が行なえているかなど、自分の認知行動を正しく知る上で必要な思考のあり方を指すことが一般的です。

簡単に言えば、今の自分です。

僕の今で言えば、この本を、もっと詳しく言えば、メタ認知についてのパートを書いている自分がいるわけです。この自分をもう一人の自分がいるとして、客観的に見ていることをイメージしてください。**自分がいて幽体離脱して、幽体離脱した自分が寝ているもう一人の自分を見ているというイメージ**です。

さて、客観的なもう一人の自分からすると、メタ認知について書いている自分はどのように見えるでしょうか（カフェにいて、音楽を聞きながら、めちゃめちゃword

を打っている。周囲の中では比較的若い)。

このように、巻き込む力を強化するには、自分を意識する、客観視することがとても大切です。

メタ認知ができないと、こんな危険がある!?

普通に生きていると、人間はどうしても主観的になってしまうものです。この主観が厄介な難敵で、自分の目線、単一な目線しか持てなくなってしまう危険があります。

「人は環境でできている」という有名な話があります。

自分のいる環境で自分ができています。環境自体は無限にあるにもかかわらず、その1つの環境で形成された自分=主観的な自分だけになってしまうと、また、それがすべてでその目線しか持てなくなってしまうと、物事を局所でしか、各論でしか世界を見ることができない状況になってしまうのです。**主観的になればなるほど、ゴールからは遠ざかってしまいます。**

なぜなら、今までのやり方や常識、自分の成功パターンや体験をベースに物事を見てしまうからです。今の自分は、球体で言えば一部分しか見えないのに、それがすべてと思ってしまうのです。本当の正解は、往々にして反対側にあるかもしれないのに……。そのこと自体に気がつくことができないわけです。

つまり、**一番危険なことは、「知らないことを知らない」こと**です。

知らないこと（＝本当の正解は今知っていることにもないかもしれないので、どんどん新しいことを知るべきなのだが、今は全然知らない）を知っている人は、どんどん改善されるわけです。一方、知らないことを知らない人はずっと改善されません。

「まわりから普段自分がどのように見られているのか？」

「どのように見られたら好かれるのか？」

を意識する。

そこでとても役立つのがメタ認知なのです。

もちろん、人に好かれる、気に入られることが目的ではありません。成果を出したり、自分自身が成長すること全般が目的です。

その目的の場合でも、人に好かれる、気に入られることは、成果にも成長にも寄与します。

メタ認知を習慣にできると、常に自分のことを客観的に見る自分がいるようになります。主観と客観を行き来し、まわりから「好かれる」ための改善を繰り返していきます。客観的に自分を見ることができるようになると、「木を見て森を見ず」でなく、**「森も木も見る」**ことができるようになります。

俯瞰《ふかん》すること、俯瞰に基づいて冷静に状況を把握すること、現実の自分は何をするべきなのかという事実ベースの思考ができるようになるのです。

まわりの人がいるときには、常にまわりに好かれることがゴールだと思ったほうがクレバーです。まわりから嫌われて損をすることは数多ありますが、まわりから好かれて損をすることなんてありません。

メタ認知が少しずつできるようになると、自分を客観視できるだけでなく、相手から見た自分、自分の憧れの成功者（ロールモデル）を客観的な存在として考えて、自分の立ち居振る舞いなどを真似たり、演じたりできるようになります。

主観的になりすぎると、問題は解決しません。

今までの経験や常識、やり方の中にそもそもの答えがない場合には、そこから答えをひねり出そうとしてはいけません。

まわりに人がいる場合には、正解はまわりの人が決めるからです。

特にビジネスにおける答えは、常にあなたでなく、唯一お客様が持っています。つまり、お客様を見つつ、そこからあなたは逆算しなければいけません。常に主観と客観を行き来して、「何をすることが正しいのか」を突き詰めていく――。

これが、成果が出る行動をするための準備となり、その準備として「メタ認知」が大きな役割を果たしてくれます。

ゴールからすべて逆算、答えを見に行ってから始めよう

メタ認知の話を続けます。

成果を出す人は、常に出口やゴールを意識しています。これは、常に今よりどうや

ったらもっとうまくできるかを考えているわけです。

ちょっと先や未来の出口、ゴールをいつも考えながら、また見ながら、今このときは何をすれば最速最短最少の時間やエネルギーで出口やゴールにたどり着くかを考えています。

当たり前ですが、今やっていること、今時間を使っていることには、出口やゴールが必ずあるわけです。出口やゴールがわからずに、今この瞬間の目線だけで全力を注ぐのは、合理的ではありません。

もっと具体的なイメージで言えば、**成果が出る人は、最初に答えを見に行っています。**または、**常に答えの確認をしながら、今現在を動いています。**

たとえば、

Q　じゃんけんに勝とうと思ったら、どうしますか？

Q　学習時間として1年間必要と言われている試験があったとして、あなたの準備期間は1カ月しかありません。どうしますか？

これは、どちらも同じ答えになります。

じゃんけんで言えば、後出しをすればいいわけです。

後出しはインチキなのでダメですが、やるべき理屈としては合っています。つまり、絶対に負けないためには、相手が何を出すのかがわかれば、負けることは絶対にないわけです。

これは「答えを先に見に行く」ということです。

試験においてはどうでしょうか？

試験で答えを先に見に行くということは、現実的には「試験問題を予想する」ということです。過去の傾向から「こういうものがよく試験に出ている」「時代背景を考えたり、主題・趣旨などから考えると、このようなテーマに変わってくるかもしれない」などと、答え＝問題を予想するわけです。

答えさえわかってしまえば、そこにたどり着く道は見つけられます。

ビジネスにおける「答えを先に見に行く」方法

現実的な仕事においても、**本当に仕事のできる人ほど、答えを先に見に行っています。**

たとえば、上司から「資料をつくっておいて」と頼まれたとします。

仕事のできない人は、答えを見に行かないので、この言葉を自分で解釈して仕事を進めます。結果として発注した人のイメージ＝答えとは、全然違う出来になっていて、やり直しを迫られるケースが多々あるわけです。

仕事のできる人であれば、答えを必ず確認します。

「資料をつくっておいて」というこれだけを切り取っても、次の３つは、最低限確認すべきです。

①資料は、誰に対しての何の目的か？（資料の対象と目的）

②資料の完成イメージ、どの程度のデザインや細部にこだわるべきか？（求めているクオリティ）

③いつまでに、どんな状態であるべきか？（スケジュール）

②のようなイメージの話は、口頭で摺り合わせても個々の感覚が違うため、往々にして出来上がったものを見せると、ズレることがあります。それも事前に心得ていれば、たとえば、これまでつくった資料を実際に見せて、「どのレベルでいきますか？」と聞いて確認することができます。

このような言語化されにくい答えは、客観的に具体的に、最初に答えの摺り合わせをしておくわけです。ここまでできる人は、ほとんどいません。どこか曖昧《あいまい》さを残してしまう人がほとんどで、その曖昧な部分によって、結果として仕事が一発で終わらなかったり、遅延してしまうことがあります。

さらに、成果を出す人は、次のことを確認します。

④結果として、この仕事にかけるべき時間と効果の最大化

これは、①〜③が相手の求める形になっていたら、それだけでいいかというと、そうではありません。

②は、時間をかければかけるほど良いものになるわけですが、そもそも良いものをつくる必要がないのに時間をかけていたら、それは無駄になります。

その意味で、仕事は必ず時間に対しての効果を最適化、最大化しなくてはいけません。この意識を持って、①〜③を擂り合わせたときに、「この『答え』であれば、1日でできるな」と瞬時に判断し、仕事の依頼者に対して、「明日の●△時にはできると思います。一応、本日の▲時までに少し作成をしてみてお見せするので、イメージが合っているかどうかだけコメントください」などと想定を伝えます。

このような段取りまでしてくれる人が、ビジネスシーンで重宝されないわけがありません。

仕事のできる人が発注者だった場合には、おそらく仕事を依頼する人によってコミュニケーション法を間違いなく変えて、そもそも具体的な仕事のオーダーの仕方をします（曖昧な要素や解釈の要素が入らないようにする）。

いかがですか？

もしあなたに足りないものがあれば、ぜひ明日から「答えを先に見に行く」ことを心掛けてみてください。きっと格段に成果が上がります。

第3章

「行動の品質」を育む方法

目的が変われば、マインドセットは変わる

マインドセットが変われば、考え方が変わり、取る行動が変わります。

取る行動が変わると、結果が変わります。

結果が変わると、マインドセットも変わります。

また、マインドセットが変わると、結果の評価の仕方も変わります。

つまり、無限に成長をしていくことができるのです。

では、マインドセットを変えるためには、どうしたらいいのでしょうか？

マインドセットを変えるには、目的を変えることにつきます。

目的をすべて「自分の成長」に置くのです。

そうすると、すべてが通過点となり、すべての経験や結果はどのようなものであっても、自分の成長につながります。生涯の目的を、自分の成長に置くのです。

結局、成果を出す一番の要因は、「自分の力」を磨き上げることです。

力というと、いろいろなことが含まれすぎているので少し雑な話になりますが、この一番の肝となるのが「マインドセット」です。

うまくいかないときに思うことは、「もっと自分に力があったら」ということではないでしょうか？　つまり、自分の成長が人生において何よりも重要ですし、問題解決のための最速の方法なのだと思います。

自分の成長とは、ただひたすら筋肉をつける方法から、しなやかになること、好かれること、アイデアを出せるようになること……など、無限にあります。

「自分の成長」を目的にできると、やっていることのすべてが成長につながることがわかります。いわゆる**成功・失敗どちらでも、自分の成長につながります**。

まさに最初に紹介した「自転車にどうやったら早く乗れるようになるか」という話と同じ構図になるのです。

もちろん、「すぐに成功したい」と思うでしょうが、成功が終わりではありません。

「本当の成功は、成長し続けることだ」という目的に変えてみてください。

成長に終わりは一切ありません。成長にコミットできると、マインドセットが変わります。

自分の成長が、結局は成果に比例します。

このときに重要なのは、比較する対象です。

比較対象は、過去の自分にしてください。昨日の自分、1週間前の自分、1カ月前の自分、1年前の自分、3年前の自分……、それらと今の自分を比較してみるのです。

いいことも、悪いことも、すべて自分の成長を実感できるはずです。

そして、**自分の成長を考えたときに意識すべきことが「行動の品質」**なのです。

PDCAサイクルの「累積回転数」を、毎日の最重要目標にする

マインドセットを変えるために、「自分の成長」を目的に置いた場合、日々一番重要になる目標が、**PDCAサイクルの累積回転数**となります。

これは、どんなことをする場合のPDCAサイクルであっても累積となります。すべてにおけるPDCAサイクル全般を示しています。

とにかく、あなたが日々を過ごしている中で、**全体のPDCAサイクルの回転数が**

増えれば増えるほど、新しくＰＤＣＡサイクルを回すときのあなたのＰＤＣＡサイクルの精度は、どんどん研ぎ澄まされていきます。

また、目標がＰＤＣＡサイクルの回転数となると、ＰＤＣＡサイクルをとにかく回すことが正しいことになるので、「まずやってみる」という前向きな気持ちが生まれます。

目的が変わることで、失敗の意味合いが大きく変わります。失敗そのものは、「自分の成長」という目的においては失敗になりません。失敗をすることが、ＰＤＣＡサイクルを回すことになるのですから。**失敗は、何もやらないこと。**まずやってみれば、ＰＤＣＡサイクルの回転数がおのずと増えます。何もやらなければ、回転さえしないのですから。

このように失敗の意味合いをマインドセット領域で書き換えることができると、今まで行動することを後回しにしていた人の取る行動がまったく変わります。

行動しないことが明確に失敗になるからです。行動して実際にできたか、成功したかどうかでなく、できても、できなくても、ＰＤＣＡサイクルを回す。その回転数が成功、失敗の判断になります。

何に対してPDCAサイクルを何回回したと細かくカウントしてもいいし、しなくても、どちらでもOKです。

なぜならば、PDCAサイクルの累積回転数がとにかく大事で、あなたの成長自体が何よりも大切だとわかっていれば、今この瞬間の「まずやってみる」が強化され、失敗の定義が変わることが大切だからです。

人生を通じて**「自分の成長」をすべてに勝る目的にできれば、あなたはいつもチャレンジャーになれます。**

目の前の目標を目的化してはいけない

「1つのことを失敗しないでうまくやる」という目標設定にしてしまうと、「いかに失敗しないで1回でうまくやるか?」という発想になってしまいます。

結果として「まずやってみる」ことができず、机上であまり生産的でない時間を過ごすことになり、あなた自身の成長にはつながらないでしょう。

この瞬間、瞬間の目標は、あくまでも「自分の成長」という一番大きな目的に対しての手段です。この瞬間、瞬間の目標を目的化してしまいがちなのですが、**「自分の成長がすべて」と常に意識して、そのように思えてくると、今、目の前のことの捉え方が劇的に変わってきます。**

目の前のことはどうしてもうまくできないといけないと思っていたものが、「今の自分では力不足かも」「もっとＰＤＣＡサイクルを回そう」「チャレンジしよう」と思えるようになります。実際にチャレンジして失敗しても、それが成長に確実につながるので、それが一番いいことになるのです。

「自分の成長」を目的に置くだけで、メリットが続々と生まれる

「自分の成長」を目的に置くと、今できていないことが悪い意味でなく、仕方ないことだと思うようになれます。

これは、決してあきらめや、後ろ向きな話ではありません。**「まだまだ成長するチャンスがある」**ということです。

「今の自分には少し難しいかもしれない」と客観的に捉えることができると、「どうやったらできるのか」ともう少し客観的に問題を捉えることができるようになります。余裕がまったくない状態で問題に直面している場合と、少し余裕がある状態で問題に直面している場合とでは、問題解決方法に大きな差が生まれます。

また、目的を変えることができれば、プライドや固執することが変わります。成果が出ない人は、無駄にプライドが高く、知らないことやミスを認めようとしません。自分の弱みをさらすようなことはしませんし、まわりから教わろうとしません。結果的に、「自分の成長」を阻むことになります。

ＰＤＣＡサイクルの累積回転数にこだわることができると、失敗の定義が変わっているので、どんどん素直になりますし、すべての人に教えを請うことが当たり前にかつ自然にできるようになります。知ったかぶりをするようなこともなくなります。なぜならば、普通に考えて教わったり、素直になったほうが成長することに気づいていくからです。

このような状態になることが圧倒的に成果を生み出し続けるために必要なことであ

り、これからの時代においての新しいマインドセットなのです。

成果が出ない人ほど、選択肢を1つに絞り込む

成果が出ない人は、選択肢は1つしかないと思い込んだり、実際に1つに絞り込んでいる傾向があります。逆に、成果を出している人は、選択肢は常に複数あり、できる限りいつも多くの選択肢を選べる状態をつくろうとしています。

僕が起業家に対してよくする話があります。

起業をゲームにたとえたとすると、ゲームオーバーになることが2つあります。

1つ目は、お金がなくなったらゲームオーバーです。

お金がなくならないようにすることは、わかりやすく言えば、「足元を見て転ばないように歩く」こと。

足元をずっと見て歩けば、転ぶことはあまりないかもしれません。ただ、1年間足元だけを見て歩き続けたら、あなたは1年後にどこにいると思いますか？

目的地の方向にたどり着いているでしょうか？

ほとんどの確率で目的地にはたどり着いていないでしょう。最悪の場合には、まったく反対方向にいることもあります。

2つ目は、社長である起業家の情熱がなくなったらゲームオーバーです。

情熱を大切に事業をすることは、わかりやすく言えば、「北極星を見ながら歩く」こと。

では、1年間、北極星のみを見て歩き続けたらどうなるでしょうか？

おそらく1年間も歩くことができないと思います。歩き始めて早々に事故に遭うかもしれません。事故に遭えば、ゲームオーバーです。

この2つが、起業の世界でゲームオーバーになる鉄板ルールです。

多くの起業家は、このどちらか1つに偏っています。

つまり、バランスがとても悪いのです。どちらかしか選択できないと思っている、0か100の関係＝トレードオフの関係で考えてしまっているのです。

でも、実際に成果を出している起業家は、この2つのバランスがとても優れています。つまり、トレードオフ的には考えていません。そのときそのときで最適なバランスを取っているのです。

成果をうまく出せない人ほど、選択肢を1つに絞りたがったり、すぐに決めたがったり、一度決めたら変更できないと思っています。その結果、選択肢を1つしか持っていないので、とても不利な状況になっていたり、本末転倒な状況になっています。先ほどの足元だけ見て歩いている状況です。まさに本末転倒ですよね。

また、成果をうまく出せない人ほど、1つのことに固執する傾向があります。それは、1つのことをコツコツ続けるマインドセットが根底にあるからです。習い事1つとっても、部活1つとっても、アルバイト1つとっても、就職1つとっても、人生のあらゆることが、基本的には固定的で、1つのことを続けることがいいとする日本での評価に引っ張られがちです。

アメリカが優れているかどうかはわかりませんが、アメリカの部活の仕組みは日本とは異なり、そもそもずっと続ける必要はなく、各シーズンで自分の好きなものを選ぶことができます。つまり、選択肢がたくさんあるのです。

もちろん、1つのことを続けることの良いところもあると思います。ただ、ここでお伝えしたいのは、**バランスがとても重要である**ということです。**「1つのことを選び続けること」**と**「いくつかの選択肢を持つこと」**のバランスがとても悪く、いくつかの選択肢を持つことにもっと意識を向けるべきです。

今の時代は、どちらか1つとか、決めたこと1つしかできないという時代ではまったくありません。それではむしろ、失敗することにつながります。

成果が出ない人は、「失敗できない」と考え、余計なことをする

成果が出るようにするためには、マインドセットを変える必要があります。

マインドセットを変えるには、目的を変える必要があり、すべて「自分の成長」に目的を置くことで成果が出るようになっていくという話をすでにしました。

その目的のために、**PDCAを回した累積回数が日々の目標になるので、「まずやってみる」ことが大切**なわけです。

しかし、「まずやってみる」ことに対して腰が重い人がとても多くいます。

この原因の一番が「失敗への恐れ」です。「失敗したらどうしよう」と思ってしまうのです。それが転じて、1回目の「まずやってみる」の段階で、「どうしたらうまくできるか」「失敗しないでできるか」と考えてしまうわけです。

そもそも、初めてやることや難しいことに対して、1回目からうまくできるなんてことはあり得ません。でも、そのように考えてしまうのです。

このように「失敗を恐れ、1回でうまくいかないといけない」という考えになってしまうと、「まずやってみる」の着手がどんどん遅くなります。最悪のケースとしては、やることをしなくなります。つまり、何もしないのです。

着手が遅れるのは、机上の上で、よく言えば、シュミレーションや準備、学ぶことが主な原因です。結局、準備ばかりに時間をかけて、自分の成長につながる失敗もしないのです。

シュミレーションや学ぶことは大切ですが、「まずやること」の優先順位を下げてはいけません。

同時並行的に進めるべきものです。

まずやってみる。そして、ＰＤＣＡを回す中で、自分に足りないもの、失敗の原因を見いだして、必要なことを学び、準備を進めるのです。そして、また改善した方法で「まずやってみる」。これを繰り返していく。

同時並行的に進めるとは、こういうことです。

ところが、起業の世界でも10人中7、8人は、「どうやったら失敗しないできれいに起業ができるか」を考えます。

実際にそう思っているわけではないのですが（失敗は絶対にするものだから、そんなすぐにうまくきれいにできるわけはないとはわかってはいるものの）、どうしても失敗への恐れが先に来てしまい、臆病になってしまいます。結果として、事実上「どうやったら失敗しないで、きれいに起業ができるか」が前提条件になってしまいます。そのために、事前に多くの準備をしたがります。

この準備が的を射ていないことが多々あるので、事態を悪化させます。つまり、やらなくていい準備までし始めて、余計なこと、無駄なことに手をつけだすのです。

まさに、無駄に時間を費やし、「行動の品質」がどんどん落ちていきます。

失敗を恐れて動けない人への忠告

ここで、「最初から失敗なしでできると思っている人」「失敗を恐れて、なかなか動けない人」に向けて質問させてください。

「あなたは、一発で成功できるほど、そんなに天才なんですか？」

質問をちょっと変えます。

「今、あなたが持っている能力で準備したところで、そもそも万全な準備なんてできるのですか？」

もし本気でそう思っているなら、申し訳ないですが、本当にバカです。というか、世間知らずもいいところです。

世の中に存在する、世界的な成功者や起業家たちが、一度も失敗もせずに今の地位にいると思いますか？　**今の地位にいても、多くの成功者たちは小さな失敗を繰り返しているでしょう。**失敗を繰り返すのは、「まずやってみる」からです。

もしあなたと彼らが違うとすれば、彼らはそれを失敗と思っていないだけです。いわば、それは**「失敗」ではなく「実験」を繰り返しているる**と解釈しているはずです。

すべては「自分の成長」のために――。

万全の準備なんてできるのは、よっぽどの天才、もしくは、よっぽどの運がいい人だけ。僕たちのような普通の人間が、文字どおり、絶対失敗しないような「万全の準備」なんてできるわけがない。

だから、**「まずやってみる」→「PDCAを回す」→「足りないものを学ぶ、準備する」→「(改善した方法で)まずやってみる」**を繰り返しやりながら、同時並行的に、足りないものを学び、準備するのです。

ちょっと乱暴な言い方をして、不快な思いをされた方もいるかもしれませんが、どうかご容赦ください。

これも、本気で「まずやってみる」ことの重要性をお伝えしたかったからです。それが結果的に、「行動の品質」を上げることにつながるからです。

「想定外」のことが起こる時代だから……

2020年に世界中を襲った新型コロナによる世界的な経済停滞を、1年前に誰が予想していたでしょうか？　僕たちが生きる世界において、「想定外」のことは起こると心得ておく必要があります。

ということは、**万全の準備、「万全」なんて不可能**だということです。

万全の準備をしようと思うと、また失敗しないようにと思うと、実質的には想定しえないことや、今この瞬間に気にすべきことではないことを気にするようになってしまいます。集中すべきことに集中せず、余計なことをやり始めるのです。

たとえば、起業当初の一番の決定的な課題は、「売上が出ない」ことです。

最初は個人事業主でスタートする人がいたとします。

まず何よりも考えるべきは、「どうやったら安定して売上が上がるか」です。この課題がとにかく重く、難しいものなので、この課題にのみ集中すべきです。

しかし、売上に対しての課題が解決していないタイミングで、なんとなく人を採用してマネジメントができるのかを不安視したり、税金のことを気にしたりします。

これらは、実際に最初の大きな壁である「売上が出る」ことがクリアできた後に生じる問題なのですが（実際に売上がなければ、これらの問題は生じません）、売上が出てもいないタイミングで、そこが気になってしまい、「マネジメントの勉強もしておいたほうがいいな」「税金の勉強もしておいたほうがいいな」という感じで、どんどん短期の一番優先順位の高い問題を解決するための時間がなくなっていきます。

このような人は結構な割合で多くいます。

どんどん各論の細部に意識が向いてしまい、今このタイミングで考える必要がないことに目を向けてしまうのです。

繰り返しますが、完璧なんてことはありません。万全な準備なんてありません。最初から失敗なしでうまくいくなんてことはありません。

「完璧になったらやろう」は、**「永遠にやらない」と同義**です。完璧になったらやろうという発想では、成果はいつまで経っても出せません。

失敗できないと思っている人が、失敗できる方法

失敗できないと思っている人が、失敗できる方法があります。

それにはやはり**「問い」を変える**しかありません。

自転車の話を思い出してください。転ぶことは成功だったわけです。転ばないことが失敗だったわけです。

ファーストリテイリング（ユニクロ）を経営している柳井さんは、『一勝九敗』という本を書かれています。

まさにタイトルのとおりですが、一勝九敗くらいの感覚を持って動くべきという内容です。

この「一勝九敗」という言葉には、失敗を恐れず、失敗を当たり前のものとしつつ、やってみることの大切さを含んでいます。もっと言ってしまえば、9回の失敗があるので、成功すると書かれています。つまり、失敗は成功の中に含まれていて、「失敗がないと、成功はない」ということです。自転車の話と同じです。

感覚的には、常に（10回とも）どうやったらうまくいくのかを、必死に最大限考えつつも、結果としては全部がうまくいくことはない。だから、10回やって1回当たれば十分だということです。

そう言われたら、なんとなくそうだなと思うかもしれませんが、マインドレベルに刷り込まないと、やはり実践はできません。

ここであらためて、**自分の生きていることの目的はすべて「自分の成長」だという**
ことに徹底的にフォーカスを当ててください。

これは、訓練です。すぐにはそう思えなくとも、「自分の成長」が何よりも大切と思い続けることで、本当にそのように思えるようになっていきます。

すべてを自分の成長が一番大切で目的だと考えることができると、うまくいこうが失敗しようが、どんな結果であっても必ず成長につながるので、失敗がなくなります。つまり、何が生じても成功になるのです。

時間軸の中でこの瞬間がすべてだと思ってしまうと、どうしてもこの瞬間にやることへのプレッシャー＝失敗できないが強くなってしまい、臆病になり準備偏重になってしまいます。

そこで、時間軸を引き延ばして考えるのです。**何が起きても自分が成長していれば、時間軸の中（人生の中）では良いことだと解釈できます。**

すると、この瞬間、瞬間の意味や位置づけが変わっていきます。見るべきをこの瞬間の出来事の成功・失敗でなく、この瞬間に自分はどれだけ成長できたのかに変えるのです。

「自分の成長」を目的に置けば、失敗の捉え方が変わる

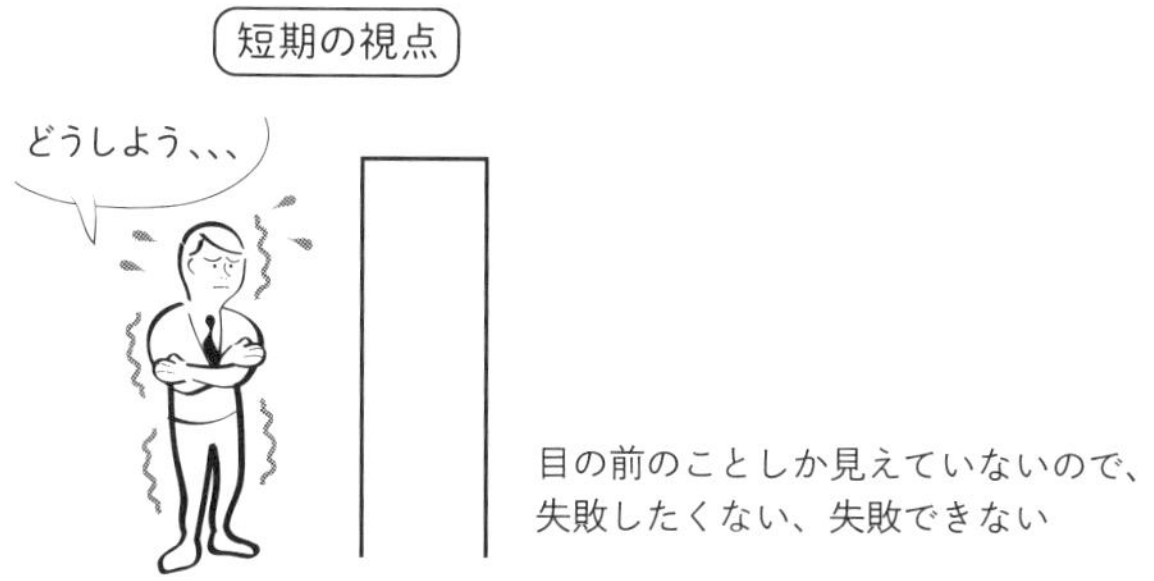
短期の視点
どうしよう、、、
目の前のことしか見えていないので、
失敗したくない、失敗できない

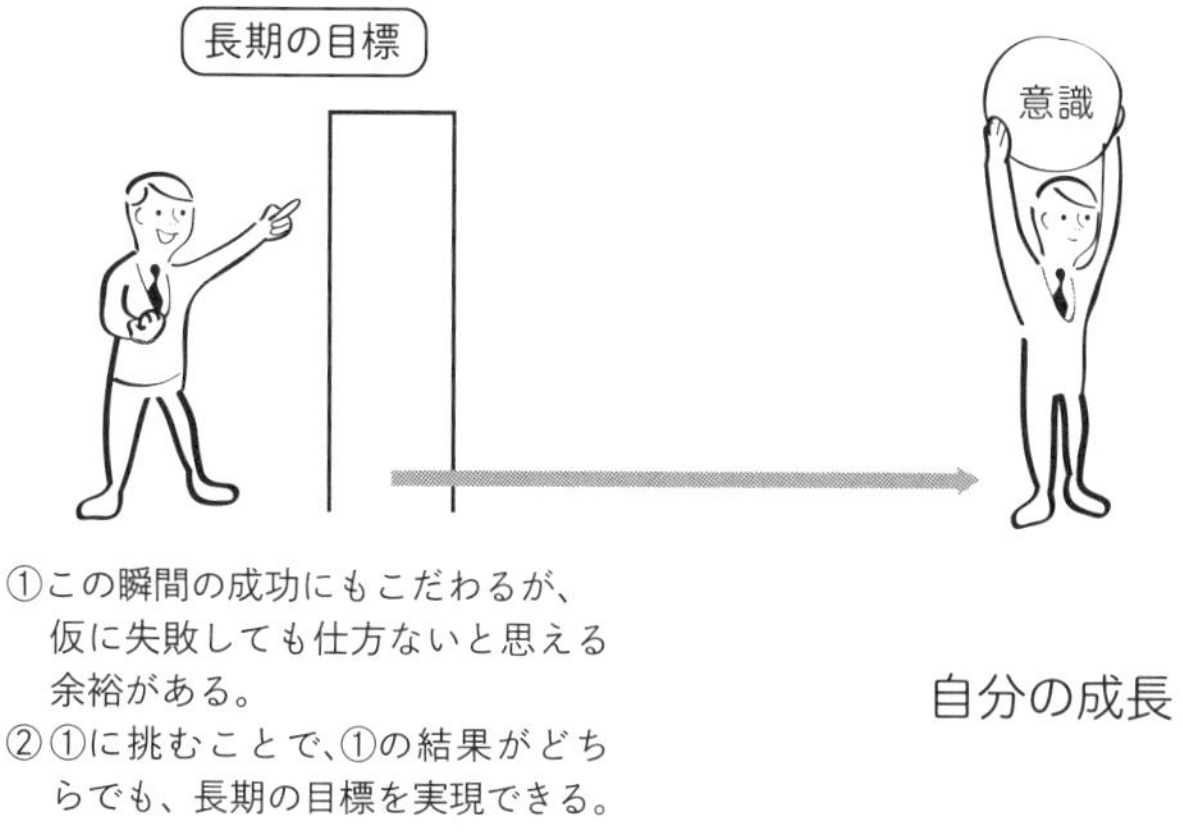
長期の目標
意識
①この瞬間の成功にもこだわるが、
仮に失敗しても仕方ないと思える
余裕がある。
②①に挑むことで、①の結果がどち
らでも、長期の目標を実現できる。
自分の成長

長期的な成功とともに、短期的な成功を味わうメリット

この瞬間の失敗・成功、勝ち負けに一喜一憂することももちろんあります。この瞬間にこだわり続けなくてはいけません。

決して「この瞬間の勝ち負けにこだわらない」と言っているわけではありません。そこにもこだわるのです。

欲張って、**短期の成功も、長期の成功も、どちらもつかみ取る**わけです。長期の成功は、もうすでにやっていることなので達成されますが、短期の成功ができると、当たり前ですが、失敗のときよりも自信や社会的実績というボーナスにもなります。だから、こだわります。

ここでもメタ認知的な目線が必要になります。

また、選択肢を複数持つことです。選択肢が1つしかないのは弱いという話をすでにしました。

今この瞬間で失敗しても、負けたとしても、その悔しさをもってして、いっそうの成長につなげたらいいだけです。一生懸命やったことであれば、あなた自身の力は間違いなくついていています。「自分の成長」を人生の目的に置いている限り、あなたの力が上がっていることが何よりも大切なのですから。

ここまでの話をまとめます。

成果を出す人は、大小あると思いますが、マインドセットとして**「自分の成長」**にこだわります。そのため、マインドセットに基づく考え方として、**「まずやってみる」**の大切さを当たり前にわかり、結果、着手がとにかく速いのが圧倒的特徴です。「まずやってみる」ことへの躊躇《ちゅうちょ》が他の人より断然ないのは、それが一番うまくいく真理であることを知っており、そして、やってみることの中で、**学び＝成長があることを知っている**からです。

水戸黄門の印籠の威力を、あらためて検証してみる

「水戸黄門」（テレビドラマ）をご覧になったことはありますか？

水戸黄門は、徳川光圀が隠居して日本各地を漫遊して行なった世直し（勧善懲悪）を描いた創作物語です。

序盤では徳川光圀は自身の正体を隠し、ただのおじいちゃんを装います。そして最後には、印籠を見せることで徳川光圀であることを周囲が知ります。すると、周囲の態度が一変するわけです。

実は、この**印籠を持つことが、成果を生み出すためにはとても大切になります**。また、行動の品質を上げるために意識すべきことです。

なぜなら、印籠のあるときとないときとでは、徳川光圀の存在はまったく真逆になります。

印籠がないときは、誰も相手をしないただのおじいちゃんです。

印籠があるときは、神様のようになります。

印籠の存在だけで、存在がまったく変わります。印籠がないときは、誰も話を聞いてくれず、雑多に扱われるわけです。

成果が出ない人は、この印籠の存在を知らず、自分が印籠を持とうとは思いません。

徳川光圀が印籠を持たないと、誰もその存在は知らずに、雑多に扱われ続けるわけです。これと同じ状況では、成果を出すのは難しいですよね。

「孫氏の兵法」の中で、最上の「戦略」は、戦わずして勝つこととあります。孫氏のニュアンスとは異なるかもしれませんが、印籠の有無は、まさに戦わずして勝つことの見本だと考えてください。

たとえ新人であっても、未経験でも、自分にとっての印籠を持っておく

印籠の話を営業マンに置き換えて考えてみます。

成果を出せない営業マンは、毎日同じことを繰り返します。話を聞きたいと思って

いない営業先に対して、雑多に扱われながらも、少しの時間をもらって、自己紹介をして、商品説明をします。でも、ほとんど売れないわけです。ひたすらに数を打つしかなく、毎日同じことの繰り返し。自己紹介をして、商品説明をします。

そもそも「なぜ売れないのか?」については考えていないかもしれませんし、営業とはそもそもこういうもの(全然興味のない人に向けて数を大量に当たって、何とかたまに売れるもの)だと思っているかもしれません。

ちょっとやる気のある人であれば、「もっとうまく自己紹介をしよう」とか、「プレゼンスキルが上がれば、売れるかもしれない」と思い、勉強をしたり、トレーニングを重ねるかもしれません。

見た目の印象が大切だからといって、着るスーツや靴などに力を入れるかもしれません。

もちろん、それで結果として数字は改善されることもあります。

ただ、僕から言わせると、これは戦っている状況と言えます。

理想は、戦わない状況で結果を出すことです。

どこに時間を使うべきかと言えば、貯金になること、時間を使って意味があるところに使わないといけません。

確かに、自己紹介やプレゼンの練習をすることにも意味がありますが、これはそもそも水戸黄門で言えば、ただのおじいちゃんのときに、そのおじいちゃんがうまく自己紹介をするとか、プレゼンをうまくなろうとしているに過ぎません。それで改善されることは多少だと思います。

なぜなら、それは本当は相手にとって重要なことではないからです。

もっと早くて効果的なことは、やはり「印籠を持つ」ことです。

では、営業マンにとっての印籠とはなんでしょうか？

いろいろなことが考えられます。

印籠の正体とは、相手がそれを見てすべてを察するものです。お墨付きと言ってもいいかもしれません。

つまり、戦わないで済むようにすることが、印籠の目的です。

現在のあなたの印籠は何か？

印籠の特性をあらためて考えてみると、自分で自分のことを説明するのではなく、**「印籠に自分のことを説明させている」**ことがわかります。

印籠という客観的な存在によって、見た人はその意味がわかり、持っている人がどういう人かを一瞬で理解をするわけです。

印籠の話とは反対に、**「自分で自分のことをスゴイ」と言ってしまうのは避けてください**。これは成果の出ない人の典型です（もちろん、そう言っても話がついてくる人であればいいかもしれませんが……）。

「印籠がないから成果が出ない」と思ってください。

つまり、**どんなタイミングであっても、必ず印籠を持たないといけません**。印籠は、時間や経験がないと手に入らないという性質のものではなく、今この瞬間、瞬間で成果を出すために必ず印籠がいります。

印籠の特長や威力など、いくつかのポイントを次にまとめてみました。

◆印籠のポイント

・どんなタイミングでも（新人でも）、絶対に何か印籠を持たないといけない。
・印籠とは、主観的でなく、客観的なものでなくてはいけない。
・相手がその客観性を見たら、あなたのことをスゴイなと思ったり、興味を持つものでないといけない。
・一番だと言えるものでないといけない（できれば）。
・印籠は、経験や時間とともにどんどん脱皮、強くしていかなければいけない。

ここで、例を挙げながら、印籠について考えてみます。

たとえば、ある営業マンに、数少ないものの、自分を気に入ってくれている取引先の社長がいたとします。

その社長が「この営業マンはいい奴だ」とお墨付きをくれたとします。

これも、立派な印籠になります。もちろん、この印籠の効果を発揮できる範囲はとても狭い範囲になってしまいますが。ただ、この狭い範囲で、この社長のことを知っている人で社長に好意的な人には、この印籠はとても効果的なものになります。

これを皮切りに、どんどん印籠をつくっていく、印籠の効果を強くしていくのです。

まったく売れなかった営業マンが、印籠をつくり始めてから売れるようになってきて、社内でトップセールスになったとします。すると、たとえば、この印籠のエピソードを用いた「営業マン向けの研修を無料でやりますよ」という形にしたら、「ぜひうちの会社で研修をやってください」とたくさんの会社に声をかけてもらえるようになるかもしれません。

営業マン向けの研修でおもしろいものができると、それがまた新しい印籠となって、いろいろ会社から今までとは逆に（今までは、自らが嫌がる相手を訪問していた）、「ぜひうちにも来てください」と呼ばれるようになるかもしれません。

僕の場合の印籠づくり

僕の印籠づくりについて、少しご紹介します。

僕は2010年8月に病気をきっかけに創業をしました。

その後、会社設立のサポートを事業として進めることにしました。この会社設立のサポート事業に対しての印鑑は、3つ用意しようと思いました。

また、**印鑑は、自分の弱みをも補うものになります**。当時の僕で言えば、弱みがたくさんあるわけですが、お客様から見たときの僕の一番の弱みは、「若いことから、本当にコイツが会社なんてつくれるのか？」というものでした。この弱みはかなり決定的にまずい弱みで、この弱みに対して何も対処せずに事業を続けていたら、絶対にうまくいかなかったでしょう。

僕が会社設立のサポート事業に対して用意した印鑑は、次の3つです。

1つ目は、会社設立に関して日本で一番のページ数を誇るブログを持つこと。
2つ目は、会社設立サポートの対応スピードが一番速いこと。
3つ目は、会社設立サポートの「お客様の声の数を一番」持つこと。

1つずつ、詳しく解説します。

①会社設立に関して日本で一番のページ数を誇るブログを持つこと

1つ目は、会社設立に関するルールやノウハウ、周辺領域（会社設立後の手続きや資金調達など）について日本一のページ数を持つことです。

日本一のページ数が実現できると、お客様（これから会社設立をする人）からすると、「会社設立に、とても詳しそうな人だ」と瞬時に絶対的に思ってもらえます。この印籠で会社設立という仕事を獲《と》ろうと思ったときに、目的にダイレクトにつながります。

また、当時の僕の決定的な弱みである「若いこと」による「本当に会社設立をすることができるのか？」という面も、会社設立に関してのブログで日本一のページ数を持てると、かなり解消されます。

ただ、「たくさんのページがある」というだけでは競合は大勢いますし、具体性や客観性、相対的な比較などができずに、見込み客の印象に残りませんが、**「日本一」「地域一」**などと言えれば、相手にもすぐに覚えてもらえ、自己紹介でも話しやすいわけです。

実際、会社設立に一番詳しいわけではありませんが（誰がそもそも一番詳しいかなんてわかりません。少なくとも当たり前ですが、僕ではありませんでした。なぜなら、1件も実務としてお客様の案件を扱ったことがなかったので、立ち上げ当初は机上のやり方を知っているに過ぎませんでした）、何とかしてそのように＝会社設立に詳しいというイメージ、それによって、会社設立自体のサポートができる人なんだと思われるように、印籠を考えたわけです。

「若いことから、本当にコイツが会社なんてつくれるのか？」という一番の弱みをクリアしないといけませんでした。実際には会社設立のサポートができたとしても、お客様にすぐにそう思ってもらえないと意味がありません。1時間、2時間会って説明して、ようやく理解してもらうわけにもいきません。なぜなら、そもそも、その1、2時間の時間をもらえない（お客様は僕にその時間を取る必要がありません。他に確実な専門家はたくさんいるからです）上に、たとえもらえたとしても、最初はそのような対応でいいですが、事業として考えたときに、時間対効果がとても悪く、継続的には成り立たない仕組みになってしまいます。

「若いことから、本当にコイツが会社なんてつくれるのか？」という一番の弱みをクリアする一番良い方法は、「たくさんの会社設立の経験があること」を印籠で伝えることです。

ただ、1件もやっていないときにはつくれません。

そこで、どうやったら瞬時に近い印象を与えることができるのかを考えました。

結果として、会社設立に関して日本で一番のページ数を誇るブログを持つことにしたのです。

会社設立に関して日本で一番のページ数を誇るブログを持っていたら、会社設立についてとても詳しそうに見えるわけです。まさに印籠です。

実際にどのような感じだったか？

会社設立の依頼を獲るためのサイトを立てたのですが、サイト開設後（サイト内にブログを埋め込み）、そのサイトに1カ月で4000ページ程度、会社設立に関するルールやノウハウ、周辺領域のこと（会社設立後の手続きや資金調達など）をひたすらに書きました。創業メンバー4名いたので、一人当たり1000ページ程度を書く計算です（パターン化して、ページをたくさんつくれるような工夫などをしました）。

毎日朝9時～夜23時くらいまで、ひたすらにブログを書いていたことが、今では懐かしい限りです。

途方もない作業に思われるかもしれませんが、印籠の持つ費用対効果を冷静に考えれば、これが必要なことであることがわかります。印籠がなければ、そもそも誰も気にもしてくれないので、ほぼ仕事にはなりません。毎回「お前は若いのに、本当に会社設立のサポートなんてできるのか？」を説明し続けないといけません。それを考えれば、印籠を持つために月1000ページ分のブログ原稿を書くことに費用対効果はあると考え、とにかく書き続けたのです。

②会社設立サポートの対応スピードが一番速いこと

2つ目は、会社設立サポートのスピードが一番速いという印籠をつくろうと考えました。**1つ目と2つ目は、同時並行でつくっています。**

1つ目の印籠ができれば、多くのお客様は「会社設立の専門性がこの若者にあるのか」という不安は消えます。ただこれでは、当たり前ですが、他の専門家とようやく同じスタートラインに立ったに過ぎません。

次に、他の専門家と同じスタートラインに立ったとして、他の専門家との客観的な違いを瞬時に理解してもらう必要があります。

そこで僕は、「会社設立サポートのスピードが一番速い」という印籠をつくったわけです。

この「スピードが一番速い」ことは、2つのいいことがありました。

1つは、ビジネスにおいて、そもそもスピードより重要なことはなかなかないこと、つまり、スピードで一番を獲ることができると、ビジネス的にとても優位な状況が生まれます。

もう1つは、「若い」と「スピード感」の相性が、とてもいいことでした。

「スピードが一番速い」という印籠をつくるにあたっては、会社設立のサポートをしている競合他社を全部チェックして（ネット検索して）、サイト上で「○▲日でできる」と書いてある最速の日数よりもさらに早い日数を設定して、表記をするようにしました。

実際にスピードには徹底的にこだわっていました。

スピードは、お客様からお問い合わせをいただいてからのレスポンスのスピード、メールなどのやりとりのスピード、最終的に書類作成から完了までのスピードです。

スピードに圧倒的にこだわっていたため、実際のお客様から推薦の声で、必ず「スピードが感動的だった」とか、「驚いた」といったスピードに関するコメントを多くいただきました。それがいっそう「スピード」という印籠を強化してくれました。

③会社設立サポートの「お客様の声の数を一番」持つこと

3つ目は、会社設立サポートの「お客様の推薦の声の数を一番持つこと」です。

この3つ目の印籠は、実際に会社設立サポートを始めてからではないとできないものですが、他社サイトをしらみつぶしに見て、サイト上にお客様の推薦の声を一番持っているサイトのお客様の声の数を数えて、そこを上回ることを最速最優先目標に設定。1年かからずして達成をしました。

「お客様の推薦の声」は、まさに印籠として誰もが持つべき、最強かつ絶対的なものの1つです。

このときに重要なのは、**印籠の性質として、やはり「一番」と言えるものであること**です。何でもかまわないので、「お客様の声」という括りの中で一番を考えるのです。僕の場合で言えば、お客様の推薦の声の「数」で一番を獲ることを目指しました。

「お客様の推薦の声」は、本当にパワーを持った印籠になります。

集めるときに、「お客様の任意で集める」としてしまうと、書いてくれる人と書かない人が出てしまいます。そのため、「推薦の声を書いたほうがいろいろな意味で得をする」という仕組みにして、推薦の声をとにかく集めることを最速で行ないました。

何度も言いますが、**印籠の有無によって、僕たちの戦い方や戦いやすさは格段に変わります**。

印籠がないと、毎回同じ説明をしたり、確度の低い営業をしないといけなかったりします。この「そもそも論」を脱却するために始めたのが印籠づくりでした。

ですから、印籠は「いつかできたらいいな」という性質のものでなく、今すぐ必要です。

すでに持っている印籠も、もっと質的に強いもの＝その印籠を見せたときの効果が大きいものは何かを考えて脱皮させていく、アップデートが必要です。常にアップデートできるように、日々努力をしています。

①〜③の印籠が揃うと、客観的にはどのように見えるのでしょうか？

整理すると、次のとおりです。

会社設立について日本一の情報量を持ち（ブログ）、一番速く会社ができて、一番お客様から推薦されている会社と伝わるようになったのです。

空気を読みながら、空気を読まないことをする

一般的に空気を読むことが当たり前ですが、「空気を読む」という行為は往々にして、まわりに同調するものになっていきます。成果を出す人は、空気は当たり前に読めるのですが、同時に、同僚や上司などのまわりに迷惑がかからないレベルで、空気を読まないことを実践するように心掛けています。

そもそも、「空気を読む」ことは、歴史をひもといてみると、構造的、物理的に仕方なくやっている面があります。

人類は元々、ジャングルで生活をしていました。

ジャングルでは、木の実などを拾って食べて生活していました。比較的安全でしたし、食べ物もすぐに簡単に手に入っていました。ただ、気候変動があって、ジャング

ルが減り、人類はサバンナに出なくてはいけなくなりました。サバンナでは自分よりも強い生き物を倒して、自分の食糧としないといけませんし、自分の身を守らなければいけません。1人で行動することが、外的から身を守ること、食べ物を獲ることのどちらの軸から考えても合理的ではなくなったわけです。そこで集団を形成するようになったといわれています。

集団で動くことによって身を守り、食べ物を獲りやすくなったわけです。ただ一方で円滑に集団を維持するために、社会脳が生まれ育ったといわれています。社会脳こそ、まさに「空気を読む」ことです。

当時の世界観からすれば、生き残るために空気を読むことが合理的だったのです。社会脳的な前提は、今現在も、ほぼすべての社会システム・組織・対人関係などの中で当たり前として君臨しています。特に日本は、社会脳的なものが重視されており、結果として、金太郎飴的な同質的な人が良しとされる社会が未だ根強く残っています。

つまり、空気を読むことは、集団維持のための手段だったわけですが、現在のように、**グローバル化、SNS化が進み、集団から個の時代へと完全に前提やルールが変わっている中にあっては、「空気を読まない」ことの大切さが相対的に際立っていま**

す。

ジャングルからサバンナへの移行時に生まれた「空気を読む」という社会脳が少しずつ役割を終えつつあるのです。新しい時代への移行に合わせて、新しいマインドセットへの移行をしなくてはいけません。

ただ、大多数はまだまだ空気を読むことを重視しているので、その中で「空気を読めない」ことばかりやってしまうと、実質的に居場所がなくなってしまい、仕事がしにくくなるでしょう。

重要なのは、「空気を読むこと」と「空気を読まないこと」のバランスです。

空気を読みながら、つまり、まわりとうまくやりつつ、合間、合間で空気を読まない＝明らかな真実やオリジナリティ、存在感を発揮していくことが大切になります。

圧倒的な成果を出す人は、空気を読みながら、空気を読まないことをやって、成果につなげています。

よそ者、馬鹿者、若者を1人の人の中でバランスを取る

日本で地方創生が叫ばれて数年が経ちました。

地方創生に携わる人のいろいろな経験や気づきの1つに、地方創生を推進したり、成功させるためには、よそ者、馬鹿者、若者が必要というものがあります。

よそ者とは、コミュニティ内部の人だけでは視点が狭くなったり、凝り固まってしまうので、コミュニティ外の客観的な視点が欠かせないという意味です。

馬鹿者とは、固定観念、今までの常識ややり方にとらわれずに行動できるという意味です。

若者とは、物理的な年齢の問題でなく、情熱を持って前向きに取り組むことができるという意味です。

この3つの要素が、ある意味、地方には不足しているのです。

この3つの要素は、成果を出す人が共通して持っている要素によく似ています。

当事者目線を持ちながらも、よそ者の視点を常に求め、固定観念や今までの常識や

やり方にとらわれず、情熱をもって前向きに行動する。

まさに、成果を出す人が持っている要素です。

自分一人でできることを理解している

「自分一人でとにかく一〇〇人分頑張ろう」と思っている人と、「一〇〇人がいつでも自分のために最大限協力してくれる」と思っている人がいるとします。

どちらが、成果を出す人でしょうか?

成果を出す人ほど、いずれの要素をも持っています。

自分がとにかく頑張るという発想は多くの人が持っていますが、後者の、まわりの人が自分のために頑張ってくれる状況をつくろうとしている人はあまりいません。成果を出す人は、ほんの一部です。

成果を出す人は、自分一人で戦おうとはせず、まわりをうまく巻き込みます。

自分一人では何もできないことへの理解、自分一人で１００人分頑張ろうという責任感と精神的な意気込み、それに合わせて、まわりの力を借りること、巻き込むことができたときのインパクトをすべて理解しているからです。

まわりを巻き込むことができたときのインパクトがわかっていると、最初からどうやったらまわりを巻き込むことができるのかという視点になり、まわりを巻き込むことありきで、いろいろな発想をするようになります。

自分一人の力を分母にして考えてしまうと、できることが限られてきます。発想も狭まります。

まわりを巻き込むことは、他力本願という意味ではありません。成果を出す人は、自分が中心にいつつ、責任を持ちつつ、自分が一番頑張って推進していくのです。本当にうまい役割分担イメージを持っています。

100人の応援団をつくるために必要なこと

ただ、ご承知のとおり、この100人の応援団は一夜にしてできるものではありません。人生をかけて徐々に、どんどん構築していくものです。

あなたに協力してくれる仲間をつくっていくことが、人生の目的と言ってもいいかもしれません。仲間がいることで、間違いなくあなたの人生は豊かになりますし、仲間を増やすためには、結果として、あなたの成長が必須になるからです。

では、どのようにしたら仲間は増えていくのでしょうか？

どのようにしたら、自分に協力してくれる１００人をつくることができるでしょうか？

あなたの何が変われば、この状況をつくることができるでしょうか？

ぜひ今一度、考えてみてください。

結論を申し上げれば、次の２つです。

①あなたがまわりから見て魅力的な人になる。

②あなたが誰かの応援者になる。

①は、ひと言で言えば、成長し続けることに尽きます。「行動の品質」を上げて、成長し続ける。まさに、本書のテーマでもあります。自分の成長にコミットをしましょう。

②には、成果を出す上で大切な考え方が含まれています。それは、何でもいいので、あなたができることを相手に対してまず協力することです。

「返報性の法則」といぅすばらしい法則があります。

「返報性の法則」とは、人から何かをしてもらったときに、「お返しをしなくては……」といった気持ちになるという心理作用のことです。

あなたにも、誰かがしてくれた協力などに対して感謝し、何かお礼をしようとか、今度は自分がこの人のためになるんだと思った経験があると思います。

まさにそれが「返報性の法則」です。

人として、とてもすばらしい世界観だと思います。

「返報性の法則」は、多くの人が持っているものです。

逆に成果の出ない人の典型ですが、まず自分の利益が一番大切で、先に何かをしてくれたら、何かをしようという順番になっているマインドの持ち主がいます。

しかし、このマインドセットでは、広がりがとても限定されてしまいます。この人に協力をしてくれる人が生まれないのは、想像に難くないでしょう。

結局、自分一人の力でやっていかなければいけなくなります。

成果を出す人は、相手の利益が一番大切で、自分が先に何ができるかを考え、相手に対してできる限りのことをします。そして、期待しているかどうかはさておいて、その結果「相手から何かが返ってきました」というマインドです。返ってくるものが圧倒的に自分の想像を超えて、どんどんチャンスが広がっていきます。

成果を出す人と成果を出せない人を決定的に二分化する理由がここにあります。成果を出す人は、**自分優先でなく、相手優先**のマインドセットになっています。**相手優先が基本動作**なのです。成果を出せない人は、真逆の自分優先のマインドセットです。だから、まわりを巻き込むことができません。

相手優先で動くことは、頭で考えれば、また言われれば、誰もがそうすべきだと思う典型的な話です。ただ、これをマインドセット領域に変えることができるかどうかが勝負の分かれ目です。これは、訓練していくこと、経験していくことで実感するものなので、小さくでもいいので、できるだけ早くスタートしておくことをおススメします。

「未知の未知」を意識し続ける

アメリカの大統領首席補佐官、国防長官を務められたドナルド・ヘンリー・ラムズフェルド氏の有名な言葉に「未知の未知」というものがあります。

「既知の知」と言えば、知っているということを知っている状態のことです。つまり、周知している知識などがこれに当たります。

「既知の未知」と言えば、知らないということを知っているという状態のことです。

「未知の未知」とは、知らないということを知らない状態のことです。

つまり、まったく予見も想像もしていないということです。

「未知の未知」は、リスクの中でも最悪の類のものだと言われています。なぜなら、その存在すら知らず、ただ、それは重大かつ計り知れぬ衝撃で我々に襲い掛かり得るものだからです。

たとえば、アメリカ発のタクシー業界のシステムを破壊した配車サービス「ウーバー」や、ホテル業界を破壊したと言われる「Airbnb」などが「未知の未知」の例として挙げられます。

「未知の未知」なので、想像もできないところから一気に自分たちがリスクに晒《さら》されるわけです。タクシー業界やホテル業界は、ウーバーやAirbnbを想像していたわけではありません。ただこの2社は、創業からわずか数年で、業界を根本的に確実に変える（これを破壊と言えば破壊）結果を引き起こしました。

この**「既知の知」「既知の未知」「未知の未知」**という分類から、成果を出す人を見てみると、とてもおもしろいと思っています。

「既知の知」とは、一般的に知られていることです。今までのマインドセットや常識、やり方などです。つまり、多くの人や多くの人の意識は、ここに集中をします。つまり、レッドオーシャンであり、この領域にはおもしろいことや変わったことはあまりありません。

「既知の未知」は、比較的テーマとしては一般的に知られているものの、実際はどうかが知られていないものです。この領域には、チャンスがあるかもしれません。初めてこの領域の中で何か答えのようなものを見つけることができれば、それは大きなアドバンテージになるからです。

ただ、究極的な成果という意味では、誰もが考えてもいなかったことで、圧倒的に合理的な結果を生み出すことができれば、インパクトは一番大きくなります。

これは、まさに「未知の未知」の領域を考えるということです。「未知の未知」は多くの人は考えてもいないので、ブルーオーシャンの領域です。

「既知の知」「既知の未知」の領域は、コツコツ努力するというマインドセットに近いでしょう。すでにあるもの、認識しているものの中でどうやっていくかを考えることだからです。

ただ相対的に求められているのは、イノベーションです。

まさに今の発想や延長、前提にないという意味で、「未知の未知」の領域、考えられない世界の中に、本当の意味での答えがあるという可能性を追いかけるべきです。

圧倒的な成果を出す人は、知ってか、知らずかはわかりませんが、結果として、

「未知の未知」の領域を常に探っています。

それは、これまでのやり方などにとらわれず、未来がどうあるべきかという完全なるあるべき姿からの逆算で、今を0として見ることができるからです。

自分の嫌いなことや苦手なことを明確にして、切り捨てる勇気を持つ

自分の嫌いなことや苦手なことを明確にすることは、成果を出すためには、「行動の品質」を上げるためには、とても大切です。

どちらかと言えば、苦手なことを改善していくことや、苦手なことをできるようにしていこうとする人が多いでしょう。

日本の教育システムがまさにそうです。いろいろな科目をやらないといけないですし、1つが優れていることよりも全体がうまくできることが評価されるシステムになっています。そのため、得意なことだけにフォーカスすることがとてもやりにくく、物理的に、いろいろなことに時間を使わなければいけない状態にあります。

このような前提が強いので、あえてオーバーに言えば、**苦手なことは完全に捨ててしまってください**ということです。一点突破で、まずは「私と言えば、○○だ」と言えるような状況に身を置いてください

フォーカスするべきところは、間違いなくあなたが他の人より成果を出せる部分であり、また、好きなことであり、モチベーションがあることにしなくてはいけません。得意なことを伸ばすのは当たり前なのですが、苦手なことはばっさり切り捨てる勇気を持ってください。たとえ苦手なことが平均レベルにできるようになっても、成果には関係ありません。

日本の教育システムで生きてきた僕たちは、どうしても平均的な発想ややり方を持ってしまいがちですが、1つのことでいいので、他の人よりうまくできることがあれば、それにリソースを集中させてください。すると、間違いなく成果を生み出すことができます。

苦手なことに100の時間を使って20の結果しか出ないとします。他の人は100の時間を使って60の結果が普通に出ます。そして、この20の結果の正体があまり重要でない場合、100の時間を使うことが本当に無駄になってしまいます。「行動の品質」を下げる行為です。

「満遍なく、マルチにできるようになる」という発想ではなく、**まず一点を研ぎ澄ましてください**。そこに徹底的に集中するのです（マルチにいろいろなことができることを武器にしたい場合には、それはそれでいいと思います）。

起業の世界でよく言われますが、**「何でもできるは、何もできないのと同じ」**です。

成果が出ない人は、典型的に捨てることが下手な人です。捨てることができない人です。そのため、あれもこれもと考えてしまいます。

捨てられない人に共通する思考のクセに、「もしも」のことばかり考えてしまうというものがあります。テストに出る確率がほとんどないことに時間をかけてはいけません。なぜなら、時間は限られているからです。

捨てることは、結果として、時間や集中すべきことを浮き彫りにすることです。

あなたが成果を出すためには、まずは興味を持ってもらわなければ始まりません。

あなたが営業マンでも、セミナー講師でも、あるいはアイドルであったとしても、相手があなたのことに興味を持ってくれない限り、あなたが成果を出すことはできません。

つまり、相手があなたに興味を持つ理由を研ぎ澄ましていく必要があります。この理由を言い換えれば、武器であり必殺技です。あなたが成果を出すために、武器や必殺技に磨きをかけるのです。自分の嫌いなことや苦手なことをばっさり切り捨てて、必殺技を磨くことに意識と時間の大部分は使うようにしてください。

大変化の時代でこだわるべきは、「WHAT」ではなく「WHY」

今の時代は人類が直面したことのないくらい構造が一気に変わるジェットコースターのような時代です。VUCAの時代と言われています。これは「Volatility（激動）」「Uncertainty（不確実性）」「Complexity（複雑性）」「Ambiguity（不透明性）」の頭文字をつなげた言葉です。

2020年の新型コロナの影響で、その変化やスピードがさらに加速しているのは、誰もが実感しているところでしょう。

これまでの当たり前や、前提・常識がちょっとした時間の流れで変わり、まったく使いものにならなくなります。

このような**大変化の時代では、WHATに注目をしていてはいけません。**WHATは、手段や結果に過ぎないからです。

たとえば、世界を旅しているときに、アルゼンチンで現地のＮＰＯの人にちょっと見てほしい光景があると言われ、旅行者は誰も行かないような山奥にあなたは行ったとします。

そこでは、子供たちが靴を履いていませんでした。この地域では、靴を履いていないと学校に行けないという決まりになっていました。結果として学校に行けない子供がたくさんいました。日本では考えられないことです。「日本では靴がとんでもなく余っているのにな……」と思うでしょう（そもそも日本では靴がとても余っているので、このような状況で靴の重要性を感じたことなんてありません）。

問題を解決する方法としては余っている靴をあげたらいいと思うわけです。日本では無駄になっている靴が山のようにあるので……。

実際にこの状況に直面をして起業したアメリカ人がいます。

この人は、この問題を解決するために、オンラインで靴を販売し始めます。販売する靴はイケてる靴なのは言うまでもありませんが、他と決定的に違うことがありました。それは、靴が1足売れると、アルゼンチンの子供に1足靴を届けるというビジネスモデルにしたのです。

この話の中でのＷＨＡＴは、靴を取り扱っていること、靴屋を始めたということです。このＷＨＡＴにさほどの意味はありません。なぜなら、もっと重要なことがあるからです。

それは、アルゼンチンの子供を学校に行けるようにすることです。これが目的になります。つまり、なぜやっているのか＝ＷＨＹになるわけです。

一番重要なことは、当たり前ですが、**目的＝ＷＨＹ**です。

そのＷＨＹを実現するために、どうやってやるのか＝ＨＯＷは出てきます。

どのようにやるのかの結果や実際に形になったものがＷＨＡＴです。

つまり、ＷＨＡＴは、目的を達成するための、ただの手段に過ぎません。

手段は目的ではないので、手段に固執しては絶対にいけません。**手段は、状況とともに変わっていく**ものだからです。

手段をそのときどきの最適なものに変えることができるかが、成果を出すにあたってとても重要なことです。最初に一番いいと思った手段で試すものの、うまくいかないことがたくさんあります。そこで、ＰＤＣＡサイクルの出番となるわけです。とにかく累積回転数が重要なのです。

起業志望者が質問する「おススメの業界を教えてください」は無意味

起業を考えている人からの質問でよく聞かれるものに、「何の業界、何の事業で起業をするのがいいですか？」というものがあります。

もちろん、聞きたい気持ちはわかりますし、一般論、マーケットとしてどこが伸びるのか、どこの問題が全然解決されていないのか、単純に僕がどのように考えているのかといったことを知りたいのだとと思いますが、**「何をするか」は、すべてはWHYである目的につながっています。**

目的と手段の一致がとても良い状態ですし、目的がなくWHATだけを選んでも、意味がありません。なぜなら、結局は続かないし、薄っぺらいものになってしまうからです。

続くのは、やはりやるべき動機や想いが強いかどうかです。

先ほどのアルゼンチンの子供の話で言えば、靴屋を起業したアメリカ人は、その光景を見てしまって、「自分がやらないで、誰がやるのか？　きっと誰もいないのでは？」というとても強い当事者意識を持ったのです。

「何の仕事をしたいのか？」というのも、職業で選ぶと、本質を見誤ってしまいます。

また、変化の激しい時代では、手段は本当にどんどん変わっていきます。つまり、WHATに固執してしまうと、時代に取り残されてしまうということです。

日本で一番大きく、儲かっているTOYOTAですら、「自動車をつくって売る会社」というWHATから、「モビリティーカンパニーになる」とWHATを大きく変えたのです。これは、時代の変化によってマーケットの中で自動車そのものに昔ほどの重きがなくなったことを意味します。

これを個人に置き換えて、ぜひ考えてみてください。

WHATに固執する発想、WHATから考える発想は、絶対にやめなくてはいけません。WHATはたくさんある目的達成の1つの手段・解決策に過ぎません。WHATから入ってしまうと、視野狭窄に陥り、自ら出口の制限を決めてしまうことになってしまいます。

ですから、常に目的思考であるべきです。徹底的に目的を考えて、目的からの逆算ができなくてはいけません。

これもTOYOTAで有名になりましたが、**「WHY」を5回繰り返す**と真理にたどり着きます。

「なぜそうなのか？」

「本当にそうなのか？」を繰り返していくのです。

本当にそうなのか、本当にそれでいいのか、もっといいやり方があるのではないか――。

WHYを繰り返すことをクセにしてください。すると、どんどん目的思考になっていきます。どんどん目的からアイデアが生まれるようになっていきます。

常に「何のためにやっていたのか」という目的を問い、その目的を強くしていきましょう。目的が強いと、行動が間違いなく強くなります。見るべきは、やっていることと、見えていることでなく、その背後にある目的です。

ただ、ここでもタイミングによってバランスを取ることが求められます。

「目的の大切さはわかるのですが、そんな難しいことや、目的が明確で、なぜやるべきなのかなんて、そんな崇高に考えることは全然できません、なかなか当時者意識が湧きません、あれもこれも気になってしまいます。どうしたらいいですか？」ということも、逆説的によく聞かれる質問の1つです。

確かに僕も今ではこんなに偉そうに、そして偉そうなことを書いていますが、自分のやるべきことややりたいことを決めることができずに、いつも迷っていたというのが実際です。

情熱は経験から育つという話

その根本的な理由は、自分のやりたいこと＝人生のミッションのようなものが、まったくわかっていなかったためです。今でもそういうことだって、もちろんあります。

これは間違いなく現実的によくある話で、とても重要なポイントです。

自分の使命ややるべきことは、経験がたくさんある場合とそうでない場合でクリアさや対象が変わっていきます。

「変わっていく」とは、AからBに変わることも、Aがよりどんどんクリアになったり明確になることも含みます。

当たり前ですが、1つの仕事しかしたことがない場合と、10の仕事をしたことのある場合では、自分の好きなことや嫌いなことはよりクリアにわかるようになります。

つまり、**WHYとは、現実的なWHATの経験から育っていく**と言われています。WHYは、間違いなく最大に大切にしなければいけません。ただ、WHYの性質として、経験から育つものであることも合わせて覚えておいてください。

自分のWHYがわからないというときにWHYにこだわりすぎると、自分の興味や使命がわからないことから、動きが遅くなったり、動きが取れなくなってしまうことがあります。そのため、ここでもバランスがとても大切になります。

WHYを最大に大切にしつつWHATを考えるものの、始めたWHAT、絶対にやらなくてはいけないWHATであれば、同じ時間を使うのなら常に全力でやっている中で、いろいろな気づき（好きや嫌い）、問題意識を大切にするべきです。好きなら好きでいいですし、嫌いな場合には、「何が嫌いなのか」を学ぶことで、次の選択に生かせばいいのです。「ＷＨＹをＷＨＡＴという経験を積み上げていく中でクリアにしていくことをやっている」と理解するといいでしょう。

『スタンフォード大学　夢をかなえる集中講義』という書籍の中で、次のように紹介されています。

「情熱を傾けられるものを見つけようと、内へ内へとこもる人たちにはよく出会いますが、彼らには見落としていることがあります。行動してはじめて情熱が生まれるのであって、情熱があるから行動するのではない、ということです。情熱は初めからあるわけではなく、経験から育っていくものです」

ＷＨＹを話せないと、人を動かせない

ＷＨＹの力は、本当にスゴイ力です。

次の三人がいたときに、あなたはどう思いますか？

全員同じ会社設立を支援している専門家だとします。

三人とも実際にやっていることという意味では、同じ仕事をしています。

その三人に、「あなたの仕事は何ですか?」と聞きました。

一人目は、次のように答えました。

「自分の仕事は、会社設立のための書類作成をしています」

二人目は、このように答えました。

「自分の仕事は、新しい会社を設立することです。お客様の会社が無事にできたらうれしいです」

三人目は、次のように答えました。

「自分の仕事は、新しい世の中を創ることです。自分のお客様からTOYOTAやSONYのような会社が生まれるためにどうしたらよいのかを考え、お客様の目的達成のために自分を変え続けています」

今のあなたは、どの人でしょうか？

また、あなたがお客様だったとしたら、どの人に仕事をお願いしたいですか？

さらに、どの人と一緒に事業提携をしたいと思いますか？

あなたがどの人か、どの人と一緒にやるかで、まったく違った結果が生まれることは想像に難くないですよね？

今この瞬間やっていること＝ＷＨＡＴを、どのように捉えているのか、時間軸で見たときに、そのＷＨＡＴをどこに位置付けているのかがとても重要になります。

また、脳の研究に、**「ＷＨＡＴを話しても、人の脳波は動かないものの（反応しない）、ＷＨＹを話すと、脳波は動く」**というものがあります。つまり、人のことをいろいろな意味で動かそうと思うと、あなたがＷＨＹを話せないといけないということです。多くの人は、ＷＨＡＴやＨＯＷばかりの話をします。ぜひＷＨＹを意識してみてください。

お金とは「きびだんご」である

成果を生み出すためには、お金の正体について理解をしておく必要があります。

あなたは、お金をどのように捉えていますか？

お金の位置づけ、機能、効能と言ってもいいでしょうか。

僕は、お金は桃太郎で言うところの「きびだんご」だと思っています。もちろん、

「お金で仲間を買収する」という意味ではありません。

お金とは、自分そのものであり、自分の分身や意思だと考えています。自分自体の
時間は24時間365日、一生の中で分母が決まっています。

そもそも、一生自体もいつまであるかはわかりませんし、事故や病気で一気になくなってしまうなんてことも十分あるわけです。

時間は限りなく限定されているものなので、その制約の中で大きな成果を出そうと思うと、自分の時間の使い方はもちろんのこと、**自分でない人の時間をお借りできるかがとても重要**になってきます。

「お金は、きびだんご」と言ったのは、まさにお金は自分の分身や意思そのものだと考えているということです。きびだんごを渡すということは、その渡した相手に、「僕はあなたに期待をしている」ということを示したことと同じだと思っています。

握手と同じです。お金の大小がすべてではありません。お金とは、間違いなく自分の意思の表明であり、付託そのものなのだと思っています。

そのため、**「あなたが誰に貴重なきびだんごを配るのか？」**がとても大切になります。

会社の存在目的は1つしかなく、お客様を喜ばすことにあります。

各社洗練されたノウハウを持っていて、それを競い合ってお客様に使ってもらっています。一方、消費者は、各社の洗練されたノウハウを使うことで、毎日が快適になったり、楽しくなっているわけです。

すごくシンプルに考えると、誰にきびだんごを渡すのかを間違えなければ、結果として、「きびだんごが減ることはない」ということです。むしろ増えるのです。

本当に優れたビジネスマンであればあるほど、お客様に損をさせるなんてことは絶対にありません。それが優れているビジネスマンだからです。

ビジネスの基本は、相手からもらったもの以上を結果でお返しをすることにあります。これ以上でも、これ以下でもありません（そもそも本当に優れたビジネスマンは、相手からもらう前に自分が先にできることをします）。

優れたビジネスマンは、どの業界にも必ずいます。あなたは、**大切なきびだんごの配り先さえ間違えなければ、きびだんごを使って、得るものを増やしていける**ということです（もちろん、そんなに簡単な話ではないのですが……）。

つまり、何が言いたいかというと、大きく2つあります。

1つ目は、**「きびだんごは、どんどん配るべき」**ということです。

きびだんごを配らない限り、自分だけの限られた時間の中で戦うことになります。「きびだんごをうまく配る」という選択や武器が使えないと、いかに多くの仲間を巻き込むことができるのかというチーム戦をやっているにもかかわらず、個人戦になってしまっているわけです。つまり、勝てません。

また、きびだんごを配った結果、「あなたのやりたいことなどが劇的にスムーズに進んだ」という経験や、「本当に悩んでいたことが解決した」という経験をすると、当たり前のように「きびだんごを使っていこう」という発想になります。まわりの人を巻き込むために、きびだんごは重要な要素になります。

2つ目は、**「きびだんごの配り先を徹底的に吟味し、仲間を見分ける力を養ってい**

く」ということです。

きびだんごは、配れば配るほど仲間が増えます。しかし、その仲間が全然力のない人だったり、自己本位的な人であなたのＷＩＮに貢献してくれない人だとします。それでは、せっかくのきびだんごが無駄になってしまいます。きびだんごがただ減っただけであればまだいいのですが、もっと大きなマイナスの結果になることもあります。

そんな失敗をしないためには、相手を見極める力がとても重要になります。これも確実に経験とともに育つものであり、見分ける力とは、成果を出すために重要な要素だと思っています。最初は失敗することも多いかもしれませんが、時間をかけてどんどん育むべきです。

日本人はとてもスケールが小さく、レバレッジを効かすことが苦手です。これは、「きびだんごを配らない」「配る先を見分ける力が弱い」ということです。

お金は、間違いなく手段です。目的を実現するために、お金をどのように使うのかがとても重要です。自分の成長のために使うこともそうですが、自分以外の人に仲間になってもらえるように使うことができるようになると、あなたは今までになかった決定的な武器を手に入れることができます。

少し切り口を変えて話をすると、よく政治家が公約で自らの報酬をカットするという話をします。これはこれで1つの考え方なのですが、もう一方で、報酬はどんなに高くてもいいから、圧倒的に結果を出してくれという考え方もあります。成果を出すことは、あらゆるリソースを使って、最速最大最高の結果を得ることなので、成果を出すことにこだわりたい人は、後者の発想を持つことが大切です。

「たくさんお金をもらってください」という意味ではなく、お金とは、成果に対しての対価であって、「高い低いは、成果で決まる」ということです。成果を出せる人に「きびだんごを配る」ということです。

ただ、**お金が目的になることはありません**。たとえあったとしても、それでは続きません。「お金のために」となってしまうと、まわりを巻き込むことはできませんし、良い仲間もそこには集まってきません。

「ファイナンス思考」という考え方

世界の常識を次々に覆しているGAFAという存在があります。Google、Amazon、Facebook、Appleの略称です。世界を変えている会社です。

これらの会社に共通していて、日本企業との違いで言われることが**「ファイナンスの考え方」**です。

文字どおり、ファイナンスということ自体が違うのですが、それ以上に、ファイナンス以外の根本的な思想がまったく異なります。それを少しファイナンスを通じてご説明します。

Amazonを皆さん使ったことはあると思います。Amazonは1994年創業の会社です。創業時から赤字のときもたくさんありました。

会社経営は、黒字か、赤字しかありません。なんとなく当たり前に、会社は黒字のほうがいいと思いますよね。

しかし、それはなぜなのでしょうか？

当たり前ですが、理由が大切で、しっかりと説明できる人は少ないと思います。

会社が黒字になるためには、２つのことしかありません。

売上を増やすか、支払を減らすか、です。どちらか、または両方を実施するしかありません。

ここでは支払（お金の使い方）に注目してみたいと思います。

支払にも2つの性質があります。

1つは、商品やサービスを納品したりするために必要なお金です。今、１つの商品が売れたので、それを納品するために、物理的に商品の原価や運送するための運送費、店舗のスタッフなどの人件費がかかります。このようなお金です。

これは、「今必要となる」「今を維持する」ためのお金の使い方です。つまり、当たり前に使わないといけないお金です。

もう1つは、未来を強くするためのお金の使い方です。

これは簡単に言えば、今できないことでもっとお客様を喜ばすための投資のお金の使い方です。会社の目的は、お客様を喜ばすことにあります。そのため、今、お客様が喜んでくれているから、それを続けたらいいか、というと、それは違います。

あらゆる前提でどんどん変わっていくからです。

お客様の課題、ニーズも当たり前に変わっていきます。そのため、会社としては、未来をこうするというビジョンを持ち、今はできていないけれど、もっと良い商品、サービスをつくるために押し進めなければ、生き残ることはできないのです。現状維持などが会社にあっては、その先に待っているのは死しかありません。

Amazonが特に優れているのは、この未来への投資の考え方です。

日本最大の会社であるTOYOTAと比較されることがありますが、数年前の決算の比較として、TOYOTAが簡単に言えば、利益を2・5兆円出していて、Amazonがその半分程度だったとします。

数字だけ見ると、TOYOTAのほうが儲かっていて、スゴそうと思ってしまうわけです。でも、利益はどうやってできていたか、考えてみてください。売上と支払の残りでした。つまり、支払を減らせば、利益は増えるわけです。

AmazonとTOYOTAの支払、その中でも、未来を強くするためのお金を見てみると、実はAmazonはTOYOTAの2倍以上のお金を使っていることがわかります。未来を強くするお金をTOYOTAと同じ水準にすると、TOYOTAと利益は同じ程度になるのです。

これは、Amazon、TOYOTAという個別の会社の比較をしたいわけではありません。

成果を出す人と成果を出さない人（TOYOTAが成果を出していないという意味ではありません）の考え方の違いと捉えてほしいのです。

成果を出す人は、成果を出すために未来を強くするために、今何をするべきかを考えています。そこに対しての投資を惜しみません。

成果を出せない人は、過去の最大化をしようとします。今は過去やったことの結果で、その今を最大限大切にしているわけです。見ている時間軸がまったく反対なのです。

日本企業は、「内部留保」といって、これまでに出してきた利益を手元にたくさん持っています。歴史的に見ても、過去最高の金額水準と言われています。

一見すると、これはとてもポジティブに見えますが、実は実際はネガティブと言えます。

それは、お金を使うことができなかったということです。**お金とは、目的に対しての手段で、どんどん使って、お客様を喜ばす力を強化しなくてはいけません。**それができなかったのが、ここ20年間の日本です。

世界で圧倒的に競争力を失いました。これは、企業の話をしていますが、個人も同じです。

すべて個人に置き換えてみてください。

お金とはそもそも何かということと、お金の使い方は、どこの時間軸を見て使うかで将来はまったく変わるということを覚えておきましょう。お金の正体がわかれば、お金の捉え方が変わって、成果を生み出すためのお金の使い方ができるようになります。

誰とどのように付き合うかは、何を食べるかより重要

成果を出す人が徹底的にこだわっていることの1つに健康、そのための運動や食事があります。それらも当たり前に大切なのですが、ここであえて言いたいのは、誰とどのように付き合うかも、健康、そのための運動や食事並みに大切だということです。

健康を意識しているあなたは、食べるものにとてもこだわりますよね。体にとっていいものか、どこが産地なのか、カロリーはどうか、栄養素はどうかなどなど。

これと同じように、**誰とどのように付き合うのかもこだわるべき**なのです。

「人間は環境でできている」と再三申しています。

あなたがどのような環境にいるのかによって、あなたの当たり前や常識、前提などはすべて形成されます。つまり、マインドセットが形成されます。

失敗をまったく許されない環境なのか、失敗を奨励されて褒められる環境なのかによって、出来上がる人は変わりますよね。

環境と言っているのは、付き合う人や人の集合体のことになります。

あなたが成果を出したいのであれば、当たり前に成果を出している人と一緒にいなければいけません。

成果を出していない人といても、成果は出ないでしょう。成果が出ないことが当たり前にすり替わってしまいます。

学ぶことに対しても、人は人から学ぶことがとても大きな要素を占めています。**誰とあなたが一緒にいるかは、あなたが決めることができるわけです。**この「決める」という選択肢を持っているのだから、徹底的にいい選択をするべきです。

何を食べるかにとてもこだわるように、誰と付き合うのかにもこだわりを持ってみてください。

◆誰と付き合うべきかのポイント

- **自分よりも成果を出している人**
- **自分の知らないことを知っている人**
- **異業種、違う年齢層**
- **固定化させないで新しい人との出会いを大切に**
- **昔話やネガティブな話ばかりの人とは付き合わない**

人との付き合い方という意味での注意点として、「人はコンフォートゾーンにいる」と心理学的に言われています。コンフォート＝快適なゾーンです。つまり、人は快適な選択を無意識的にします。一緒にいて楽しい人、楽な人、価値観が合う人、同じ目線の人など、自分の今のコンフォートに基づいた意思決定によって付き合う人を選択しています。

本来は、未来の自分の成長のために今誰と付き合うべきかを決めるべきですが、今のコンフォートが優先してしまうのが人間の限界です。

自分よりも成果を出している人と一緒にいるということは、自分のできなさを痛感したり、知らないことばかりだったりして、とてもプレッシャーがかかったり、居心地が悪いかもしれません。どんどん新しい人と会うことも、その都度緊張したり、ストレスで、お互い分かり合った人と一緒にいたほうが楽しいかもしれません。

ただそれだけでは、自分の成長にはなかなかつながりません。

ただ、**楽しいだけでは成長は起き得ません**。

楽しい状況でありつつも、多少の苦しさ、つまり、楽苦しい状況＝コンフォートでない＝アンコンフォートな環境をつくることをおススメしています。

すべての選択や状況をアンコンフォートにする必要はありませんので、徐々に自分の付き合う人を変えていくことをしてみてください。

あなたの当たり前、常識、前提がどんどん変わっていきます。

また、どのようにその人と付き合うのかも、とても大切です。

基本的な考え方としては、**常にWIN－WINになっているかを意識すべき**です。

相手に何か一方的にしてもらっているような状況では、その関係は長続きしません。そのため、常に、自分は相手に対して何をできているのか、どんな貢献をできているのかを考えるべきです（もちろん仲の良い単純な友達ならいいですし、そのような域に達しているのであればいいですが、ただプライベートでなく、こと、あなたの成長という観点で言えば、ただの友達になってしまうと、楽しいのみの関係になってしまうことがあります）。

相手に対して何か貢献できないかという考え方は、成果を出す上で確実にとても大切な要素になります。常に意識をして当たり前にできるようにしていくことを訓練するべきものです。

あなたが相手との関係において役に立とうと思うのであれば、あなた自身が相手の知らないことを知って教えてあげようとか、あなた自身の活躍をもってして、相手の刺激になるようにしようと切磋琢磨《せっさたくま》する関係や、あなた自身の成長の速度が上がるような人であるべきです。

また、そもそも自分が何かを教えるということが釣り合わないくらい相手がすばらしい方という場合もあるかもしれません。そのような目線が全然近くない場合であっても、ただ一方的にいつも教えてもらっているだけの関係でなく、できること（知っていることを教えるだけでなく）の中で、相手を喜ばすことを意識するべきです。

戦略的学習力を身につける

2030年にビジネス上必要とされるスキルの1位が**「戦略的学習力」**と言われています。（出典：THE FUTURES OF SKILLS : EMPLOYMENT IN 2030）

戦略的学習力とは、新しいことを学ぶことのスキルが高いことを指しています。

この背景には、ものすごい勢いで今の前提や常識、やり方が変わっていくことがあります。どんどん新しいことを学び続けなければ、時代に取り残されてしまうということです。

これまでの解決策＝正解が変わっていくということです。未知が当たり前になっていく中で、過去には答えがないことが増えます。そのため、新しいことを学ぶことがいかに効率的にできるかといったことや、学びをしやすい環境や仕組みをつくるかがとても大切なスキルになるわけです。常に新しいことを学び続けないと、直面する課題などが新しいものなので、解決できないことを意味します。


◉システマティックに新しい情報入手の環境や仕組みを持っているのか？

◉まわりに意図的に加工された情報でなく、事実や一次情報を入手する仕組みがあるか？

◉新しいことを効率的に学びやすいツールなどをどんどん取り入れているか？

◉学ぶことの根源である好奇心を育むことや制限しないルールなどを持っているか？

◉学びを切磋琢磨し合える仲間がいるか？

戦略的学習力を高めていくことで、結果としてあなたのまわりには、年齢を問わないさまざまな背景の人、異業種の人、専門性の高い人、好奇心の強い人に囲まれていることでしょう。そのことによって、あなたの学びや学びの仕組みがどんどん強化されていきます。

いくつになっても、どんな立場になっても、学ぶことを止めてはいけません。

学べば学ぶほどに知らないことを知っていきます。無知の知です。

学ぶほどに謙虚になっていきますし、いっそうの好奇心が生まれます。無知の知を自覚し、体現できていると、知りたいという気持ちが増しますので、質問が増えたり、相手に興味・関心を持つことができるようになっていきます。

第4章

「行動の品質」を高める【超実践編】

成果が出ない人は、お金を払って学ぶ、成果を出す人は、お金をもらって学ぶ

たとえば、何かを学ぼうと思った場合、あなたはどうしますか？

多くの人は、お金を出して何かを学ぼうとします。受講者として講座にお金を払って受講します。これが当たり前だと思っているわけです。

確かに普通の人の目線で見れば当たり前なのですが。ただ、少し考えてみると、もっと良い方法があるのではないかと気づくでしょう（行動の品質が高い人は、考えるというよりも、これからお話しすることを素で動いていることが多々あります）。

たとえば、経営コンサルタントの人がやっている講座を受講しようと思いました。受講する一番の目的は、その経営コンサルタントの持つノウハウを体得すること。そこにお金を出しています（お金を払う理由は、講座を受講することではありませんよね。講座受講はただのノウハウ取得のための手段に過ぎません）。

逆に言えば、講座受講をしなくとも、ノウハウが体得できればいいわけです。

では、ここで質問です。

この経営コンサルタントのノウハウを本当に体得しようと思ったら、どうすることが一番早いでしょうか？

「行動の品質」を上げるポイントの1つ「最速最短最少で、最大最高最適な成果を出すこと」の目線で考えてみましょう。

本当に講座を受講することなのでしょうか？　しかも、お金を払って……。よく考えてみてください。当たり前の選択の先に、圧倒的な成果はなかなかないかもしれません。

僕であれば、**最速最短最少でノウハウを得ようと思ったら、このコンサルタントと一緒にいること**だと考えます。

講座を受講することは、1つの方法に過ぎません。そもそも、講座を受講することは、目的である「ノウハウの体得」から考えると遠回りであり、目的を達成できないかもしれません。

経営コンサルタントのノウハウを座学で学んでも、本当に現場で自分が使えるのかどうかはわかりません。それより、現場で実際にやっていることを見ながら教わった

（ＯＪＴ）ほうが、圧倒的に体得もしやすいし、早いですよね。

ちなみに、座学の学びで経営コンサルタントになれるほど、簡単ではありません。もちろんまったく意味がないと言っているわけではありません。「一番効果的な方法は何か？」という考えのもとでお伝えしています。

そこで、**目的から逆算して一番良さそうな方法を考えてみる**のです。どのようなものが考えられますか？

たとえば、究極的には、この経営コンサルタントに仕事を発注するのです。自分がクライアントになって、この経営コンサルタントのやり方をクライアントとしてマスターするのです。まさに、圧倒的に逆転の発想です（発注するものがない、お金がないとできないなど、いろいろ理由は出てくると思いますが……）。

他には、複業的にアルバイトやアシスタントを、この経営コンサルタントに申し出ることもいいでしょう。

アルバイトだったら、この経営コンサルタントはすでに人を募集しているかもしれません。その場合には、講座受講でお金を払うのではなく、逆にお金をもらって学ぶことができます。

アルバイトなどの募集をしていたとしても、あなたの状況的に本業ではなく、複業になってしまうので、求められている条件（時間など）と折り合いがつかず、働けないかもしれないと思うかもしれません。

その場合であっても、**自分が役に立てること、できる範囲でしっかりとコミットすること**を伝えれば、大企業でない限り、門前払いされることはまずないでしょう（良い関係構築や、相手にとって良い提案ができるかが大切になります！）。

もしアルバイト募集をしていなかったとしても、問題はありません。「お金をもらわなくてもいいので、修業をさせてください」と提案すればいいのです。

または、「一定の明確な成果を出したら、決めたお金をください」という提案をしてもいいでしょう。

「お金はいらない」と言うことは一般的にはプラスに働きますが、**本物の人＝プロであればあるほど、お金を払おうとします**。「お金はいらない」という心意気は汲んでくれますが、プロとして生きていくのであれば、お金はしっかりともらって、その分ちゃんと成果を出せばいいと思っています。

プロの世界は、成果でしかないのです。お金をもらわない＝成果にコミットしない、出せない、逃げているというニュアンスにもなってしまいます。

まだまだあります。相手が喜びそうであれば、**「弟子にさせてください」**と申し出る手があります（本心でそのように思っていないとダメですよ）。

この申し出があった際、相手は「なぜ自分なのか？」と気にします。

そこであなたが真剣にちゃんと**「あなた（経営コンサルタント）でないといけない理由」**を説明できれば（メッセージを最初は送ることになると思うので、そのメッセージが大切）、相手は聞く耳を持ってくれるでしょう。

僕も大量のメッセージを会社ホームページ、SNSなどでいただきますので、よくわかります。「この人は明らかに真剣だ」という人に対しては、こちらも真剣に対応するものです。

ちなみに、僕の会社も、経営コンサルタントのようなサービスを展開しています。

そのため、インターン生、業務委託の複業的な人に、お手伝いしていただくことが決まった場合には、過去の講座や実際のコンサルティングの様子などを収録したものを、まず数時間観てもらうところから始めています。

自社の商品や考え方を理解してもらわないといけないからです。

この社内研修は、実はお客様にお伝えしている商品そのものだったりする場合があります。お客様には有料で提供しているものを無料で観られ、かつ、無制限に質問もできてしまうわけです。

そのため、お客様の中には、僕の会社にお金を払うので、カバン持ちをさせてほしいと申し出てくださる人も年に数名います。

さらに、あなたがすでに独立している人であれば、**「この人と一緒にどうにかして仕事ができないか？」**と考えてみてもいいでしょう。

「一緒に仕事をする」とは、仕事を依頼するだけではありません。一緒にサービスをつくることができないかと考えるわけです。

最速最短最少でノウハウを得ようと思うと、このコンサルタントと一緒にいることが何より大切ですので、そこを外さずに、いろいろとアイデアを考えていきます。

自分ではできないこと、不足していることが会社や人には必ずある

ちょっと目線を変えてみて、この経営コンサルタントと働くという切り口以外でも、うまく提案を考えると、「ただお金を払って講座を受ける」ことよりも良い結果になることに気がつきます。

たとえば、講座内容がとても良いとして、講座を受ける場合であっても、お金が無限にあればいいのですが、限りがあるはずです。多くの人がお金がないことを理由に結局、いろいろなことをしません（でも実は、本当は何もしないので、自分の成長がないため、収入も変わらないというスパイラルに陥ってしまっているのかもしれませんが……）

そのため、お金を払わないで済むことができれば、これに越したことはないわけです。僕はお金を払わないで済む方法はたくさんあると考えています。

もちろん最初からタダにしてくださいという提案ではそもそも悪い印象を与えてし

まうかもしれませんし、またタダでやってもらうことが目的ではありません。

ここでは、**「相手に好かれる」**とか、**「他の人とは違うと思われる」**というようなニュアンスで捉えてもらえるといいと思います。他の人と違うので、結果として、他の人とは違う条件や扱い、関係になることができます。

「相手に好かれる」「他の人とは違うと思われる」ための、大切な視点として、**「相手の役に立つ」**というものがあります。

どんなにすばらしい、完璧に見える会社、人物であっても、できないこと、不足していることが必ずあります。

たとえば、アルバイトの募集が出ていたとしたら、何かの不足があるから、経営コンサルタントもお金を払って問題解決をしようとしているわけです。

それとまったく同じです。経営コンサルタントは、何か抱えている問題をお金を払って解決しようとしているので、その問題をあなたがもし解決することができれば、それはお金をもらうことができて、そのお金を講座代金に充てたらいいのです。実際には、お金の動きがなくてもいいかもしれません。

お金を払わなかったとしても、この経営コンサルタントの問題解決をしたらいいのです。または、この経営コンサルタントがお金を払ってでもしたいけれど、できていないこと、本来できたらいいことを想像するのもいいでしょう。

経営コンサルタントが本当はしてもらえるとうれしいことを、あなたが「やります」と言って提案するのです。

たとえば、経営コンサルタントが講座をメイン事業として展開しているとしたら、この人に何をしてあげると喜ぶでしょうか？

メタ認知を駆使して、経営コンサルタントの目線から考えてみてください。

◎経営コンサルタントからしたら、自分の講座の受講生が講座を受けたことによって大活躍したらとてもうれしくないですか？

◎受講生が「この講座はとにかく良い」と毎回の講座の終わりにSNSで宣伝してくれたらうれしくないですか？

◎講座の内容をサマリーとして受講者目線で記録をして、この講座の次回の受講生募集の際の素材や講座の素材として使えたらうれしくないですか？

◎次回の受講生募集のための推薦の声を動画でも文書でも率先して提供させてもらい

どんな相手でも、Win-Winの価値交換は可能！

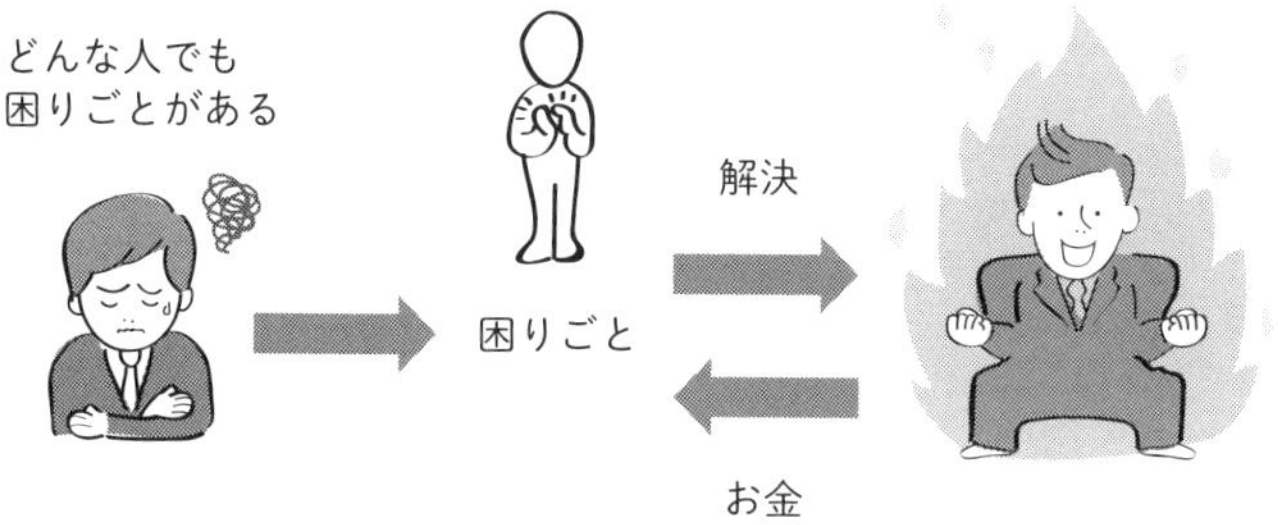

Win-winの関係なら
お金の動きは必要ない

（価値交換の対象を
お金でないものにする）

たいと申し出る人がいたらうれしくないですか？

◎積極的にまわりの受講生とコミュニケーションを取って盛り上げてくれていたら、うれしくないですか？（ＳＮＳグループやメッセンジャーグループで講座内容などに基づいて、やったことや気づいたことを投稿してくれるなど）

◎本当に内容がすばらしいので、他の人にも話を聞いてもらいたいと思い立って、講演会の開催や見込み客となるような人を紹介してもらえたらうれしくないですか？

いかがでしょうか？

このような申し出、行動があったら、この経営コンサルタントはとても喜びませんか？

相手を喜ばせるためのアイデア

ちょっと違った目線で、今回の講座ビジネスを見てみると、講座がスクール形式（講師対生徒複数名）の場合には、受講者の人数が何名であってもほとんど原価は変わらないという特徴があります。

考えれば当たり前なのですが、たとえば1回の講義が90分だとして、このコンサルタントは、人数が何名でも関係なく90分間の講義をします。それにかかるお金は、このコンサルタントの人件費と会場代ぐらい。メインのコストは人件費です。人数によって会場代は多少なりとも変わりますが、会場を極端に広くしないといけなくなることがない限り、ほとんど原価に影響はないです。

飛行機やホテルの座席と同じですね。空いているよりは有効活用したいので、直前に安くセールで販売したり、エコノミーのお客様をビジネスクラスに招待したりすることで有効活用しているのです。もちろん定価で買ってくれているお客様がいる場合には、そのお客様が損をしてはいけないので、立てつけがとても大切になります。

このような構図がわかると、良い提案さえできれば、相手方も「原価が変わらないので」とその提案に乗ってきてくれることに気づきやすくなるでしょう。

結局、受講者が1名増えても、原価は変わりません。

その代わりに、**何かを手に入れることができるのであればＯＫと考える人**も多く存在します。

提供できる可能性があるものをざっと挙げてみます。

◉自分が持っているもので、コンサルタントをコンサルティングする

このアイデアは、バーターの発想です。バーターとは、物々交換のことです。

コンサルタントの持っているノウハウと仮にあなたが何かのノウハウを持っているとして、コンサルタントがそのノウハウを欲しているような場合であれば、「それらを交換しましょう」という提案で、コンサルタントのコンサルティングを受けることができるかもしれません。

◉通常のコースよりも短期間とか、短い時間のものにしてもらう

通常のメニューが6カ月という期間だったり、1回3時間という形になっている場合に、「通常よりも期間や時間を短くてかまわないので受けたい」と発想してみると、可能になることがあるかもしれません。

これは、「コンサルタントが正規で1名を受け持つのは少し時間的に重い」とか、

「今の案件的には重いけど、半分程度の時間であれば時間を取ることができる」ということはよくあります。

◉オンラインでのやりとりを提案する

コンサルタントの料金のほぼすべては人件費なので、「人件費がかからないようにするにはどうしたらいいのか？」と考えてみます。すると、先に書いたように、通常よりも時間を短くしてもらうといった発想になります。

また、通常対面でやっているものをオンラインでのＭＴＧ（ミーティングの略称）でかまわないというような提案も有効かもしれません。「ＭＴＧの時間なども、すべてコンサルタントの時間に合わせます」という提案もいいでしょう。

人には必ず無駄になっている時間や有効活用できていない時間などがあるものです。そこが少しでも意味のある時間に変わることは、コンサルタントにもメリットがあります。

◉圧倒的に推薦する広告塔になる

人脈部分でも触れますが、「自分の成長」とは、鶏と卵のようなところがあります。一緒にいる人によって成長が決まるわけですが、力のないときには、力のある人と一緒にいることがそもそも難しいといったことがあります。

ですから、「相手方にあなたが応援する理由」を用意できないといけません。このような鶏と卵状態で結局何をしていいのかわからず、思考停止、行動停止している人が多くいます。

この場合に大切なことは、「一点突破」の発想を持つことです。欲張らないで、1つのことに集中をして、研ぎ澄ますことです。欲張ってしまうと、間違いなく意識も動きも薄まります。

つまり、一点突破です。この人と決めたのであれば、その人にとにかくフォーカスを合わせて、その人と心中するくらいの感覚で、その人に対してできることをするべきです。

1つは、その人や商品、サービスの圧倒的な広告塔になることです。

僕にも本当にありがたいことですが、ＳＮＳで定期的に僕のことや、商品、サービスなどを熱心に良い文脈で投稿してくださっている方たちがいます。それはお客様の場合もありますし、ツイッターをいつも見てくださっている方だったり、本を読んだことのある人だったり、いろいろです。

定期的にＳＮＳで投稿をしてくれる人なんてなかなかいませんので、そのようなことをしてくださると、された側としてはただただありがたいですし、本当にうれしいものです。

このような人が現れたとき、間違いなく相手側は気になりますし、何かお返ししようと思います（もちろん、お返し目的でやってくださっているわけではないのでしょうが！）。

このような「一点突破」という考え方はとても重要です。力のある人やキーマンに好かれることで、物事が一気に好転するからです。

僕にはさほど力がないものの、ＳＮＳで僕のことをよく投稿してくださっている方とＳＮＳ上でのやりとりが生まれ、何度も食事に行ったり、その投稿自体によって、明らかに僕はメリットを受けているので（自分で宣伝すると嫌らしいですが、それを本当にお客様の目線に立ってやってくれています）、こちらで何か協力できることはないかと申し出て、この方に見込みのお客様などを定期的におつなぎしています。

ＳＮＳで自由につながれ、発信できる今、このようなことはよく起こります。ＳＮＳのおかげによって、強い人ともコミュニケーションが格段に取りやすくなっていますし、その人への貢献の仕方もいろいろな方法が出てきています。

◉営業代行やパートナー提案をする

相手との関係を強化しようと思った場合に、基本となるのは、相手のメリットになることがとにかく大切になります。相手にとってメリットがなければ、相手はなかなか動いてくれません。

その中で1つ、誰に対しても使えるものとして、「相手に対して商品、サービスなどの販売パートナーとさせてください」と申し出るという手があります。

相手方の会社の規定などでできないこともありますが、基本的には喜んでくれます。相手は、「商品、サービスの販売を増やしたい」と思っているので、この申し出は喜ばれます。

販売パートナーでなくとも、「何か今お困りなことで、ご協力できることはありませんか？」という形でも、もちろんかまいません。

自分のできることの範囲で、お金の有無を気にせずに、相手の役に立てることがないかを聞き、宿題としてもらい、実際にやる、ということを繰り返していく中で、仕事が生まれたり、相手との関係強化につながります。

◉自分以外に複数人募って、負担を軽減する

自分一人ではコスト的に払えないものがあったとしても、あなた以外の人も実は欲している人が必ずいます。このことさえ知っていれば、あなたは、自分の今持っているお金だけで選択を決定することをしなくて済むようになります。

成果を出せない人の多くは、今この瞬間に持っている自分のお金で自分の選択を決めてしまいがちです。そのため、投資することができず、自分のマインドセットを変えることができません。結果として、変わらないマインドセットの中で、どんどんと閉鎖的・固定的になってしまいます。

しかし、「あなたの興味あるものは、他の人も興味がある」ということがわかっていれば、他の人のお金も合わせて考えることができ、選択や可能性の幅が格段に広が

ります。

お金がなくてあきらめる人は、知恵を出そうとしません。

お金がなくても状況を変えることができる人は、知恵を出します。

お金がないときこそ知恵を振り絞って、相手に対していろいろなメリットを考えたり、まわりを巻き込んだりして、問題を突破し、前に前に進めていくことを心掛けてください。

◉誰でも参加できるオープン型にしてしまう

自分一人で予算が取れない場合の発想として、「広げる」「開放する」というものがあります。

「自分一人しかいない」という発想だと、支払も含めて自分がしないといけなくなります。それでは、選択肢がとても限られてしまいます。

僕は、自分が話を聞きたい人がいた場合の1つのやり方として、イベントや講演会などを企画、主宰して、そこに来ていただくというスタイルを実施しています。

このポジションを取ることができると、次のようなメリットが生まれます。

①話を聞きたい人の話が聞ける。
②うまくやればお金がかからないどころか、お金がもらえる。
③ゲストを呼んだ立場なので、ゲストと仲良くなれる。
④ゲストを呼んだ主宰者ということで、まわりに対するメッセージになる。
⑤イベントなどの企画・開催の勉強・経験が積める。

①は、そのままです。当初の目的である話を聞きたいと思った人の話を聞けます。
②は、どういう人に来てもらうかにもよりますが、基本的には、ゲストへの講演報酬や会場代がかかります。ただ、この機会を開放することで、参加者から参加費などをもらうシステムにして集客ができれば、かかる費用を賄《まかな》ったり、うまくやれば黒字になるかもしれません。もちろんうまくできないと、赤字になることもあります。
③一参加者の場合には難しいと思いますが、主宰者であれば、ゲストとのコミュニケーションも格段に取りやすくなります。事前の打ち合わせから、当日のコミュニケーション、当日のイベントが盛況であれば、継続的な関係も築きやすくなります。単

なる参加者ではこのような関係を築くことはできません。

④は、まわりからの見え方が決定的に変わります。「あのイベントを主宰した人だ」とか、「あのゲストとつながっている人だ」と見られるようになります。この効果は、いろいろな場面で財産になります。

⑤は、そもそもイベント開催したことで、イベントに関する知見が広がります。イベントとは1つの事業に近いとよく言われます。企画、チームづくり、集客、開催当日の内容、結果としての収支まで含めて、1つの事業と似ているのです。イベントを企画から形にしっかりとできる人は、事業がうまい人と言っても過言ではありません。

このように、「もっとうまくできないか」「他に選択肢はないか」と常に考えることで、全然違った答えややり方を見つけることができるかもしれません。

◉独立したてのコンサルタントに依頼する

人が何かにチャレンジするときは、大きなチャンスです。

始める人の心境を考えてみてください。初めてのことなので、うまくできるのかと多くの人は心配と不安でいっぱいです。ただ、チャレンジのフェーズが終わり、経験も実績も多く積んでくると、それに応じて、その人の講師料も高くなるものです。

お金が無限にあれば、間違いない選択として、実績などから確実に選べばいいと思いますが、お金は無限にはありません。

そこでおススメなのが、**独立したばかりの人や会社にお願いする**というものです。

これは、独立してからの実績という意味ではないので、「ちゃんとできるのか？」とちょっと賭けのように思うかもしれませんが、そんなこともありません。

独立前のキャリアや実績を見れば、その人の実力はある程度見えるものです。この部分のチェックをしっかりとやれば安心してオファーできるでしょう。

独立したばかりの人のいいところは、仕事に慣れた人に比べて、実績が欲しいという願望も強く、モチベーションがありますので、圧倒的に丁寧に仕事をしてくれる可能性が高いのです。

ただ、同じ独立したばかりの人でも、仕事がまったくできない人もいますので、注意が必要です。それはこれまでの経験などから、しっかりと判断します。期待どおりの仕事がまったくできない人に仕事を任せてしまうと、事故になります。

信用できる人であれば、「今回の仕事を独立してからの実績として使ってもらってかまわない。いろいろとうまくやってくれたら、推薦の声なども提供する」と伝えると本当に熱心に仕事をしてくれます。

また、独立して最初の頃の仕事は、その人の本来の力とは異なる価格で仕事をしてくれる可能性もあります。

「独立したてだから、当たり前に安くやってくれ」という意味ではありません。独立した後の場合には、やはり独立後の実績が見られるものです。その実績がない場合には、仕事の出し手であるあなたも一定のリスクを取ることになるので（ちゃんと仕事ができるのかというリスク）、そのリスクに対して予算が割り引かれていると解釈するといいでしょう。

僕は独立したて、始めたばかりの人や会社を応援することを当たり前にしているので、ほとんどの仕事などを、独立したて、始めたばかりの人にお願いするようにしています。ほとんどの人は圧倒的な仕事をしてくれるので、とてもおススメです（たまに失敗することもあります。その場合、本人が言っていたレベルの仕事ができないというケースが一番よくあることです）。

僕も独立、始めたばかりの頃に、僕に仕事をよく発注してくれる人がたくさんいたのですが、この人たちは共通して、ある考えを持って仕事を発注してくれていました。その考えとは、「もし、伊藤君が大きくなったときに、独立初期の頃のお客様というポジションを持つことができれば、うちも得しかないよね」「伊藤君は若いので、これからいろいろな経営者と会っていくでしょ。だから、関わっておきたくて仕事をお願いした」「年取っている人より若い人にお金を使ったほうが返ってくる可能性が高い」といったものです。

このように、**できる経営者の先輩たちは、発注する側として、中長期的な視点で仕事をしてもらう以外にも得られるメリットを見据えています。**

質問を武器にして、相手を喜ばせる

質問をうまく使いこなすことができると、こんなにも武器になるものはありません。

成果を出す人は、成果を出さない人に比べて、総じて質問をうまく使っています。

質問がとてもうまいのです。

「質問を使いこなす」には、主に次の2つのポイントがあります。

①質問を自分のために使うのではなく、相手を喜ばすために使う。
②質問によって、自分のことを印象づける。

それぞれ詳しく解説します。

①質問を自分のために使うのではなく、相手を喜ばすために使う

多くの人は、そもそも質問することをしません。もし質問をするにしても、「自らの疑問や知りたいことを知るために質問をする」というスタンスです。「自分のため」という認識を持っています。

しかし、質問の目線を相手に置くことができるようになると、質問を使って相手を喜ばすために使うことができます。

たとえば、「犬がとても好き」と言っている人がいたとします。この人は、多くの人から「犬が好きなんですね」と普段からずっと言われているわけです。また、それ

に関連するような質問を、ずっとされ続けています。

この人が普段からよくされるであろう質問は、なんとなく想像がつくでしょう。よくされているであろう質問をあなたがしたところで、相手の印象に残ることもなかなかないでしょう。

そこで目線を変えて、**この人が普段言われないだろう、でも、言われたら喜びそうなことを質問する**のです。

「○○さんが犬が好きなのはよく伝わってきますが（よく聞かれるであろう「なぜ犬がそんなに好きなんですか？」といったことは聞かない）、それ以上に、犬が他の人よりも○○さんのことを好きそうですよね。それって、他の人と犬に対しての接し方が何か違うからですかね？」とかはいかがでしょう？

その人が一番大切にしている、他の人との違いやこだわりにいち早く気がつくことができると、「もしかして○○さんってわざと△△をされていますか？」などと聞いてみたり……。

相手が今一番言いたそうなことを想像して、そこにたどり着くような自然な質問をするのです。質問は相手との関係を円滑にしてくれます。

相手がいた場合には、相手が「良い時間だった」とか、あなたのことを「いい人だな」と思ってもらえれば、結果はそれでいいのです。

②質問によって、自分のことを印象づける

インタビューを受けることも、インタビューをすることも多くありますので、本当に質問のうまい人にお会いすると、話が弾みます。

「質問がうまい」とは、何のためにその質問をしているのかという意図が明確な場合。そして、自分でもポイントだなと思っていることや状況まで話をブレークダウンしてくれて、インタビューを受けている人が一番話をしたいところや、重要箇所を特に深掘りしてくれることだと思います。

その点にすぐにできる限り気づき、**「気づいているよ」と伝える**ことも大切です。ちょっと高度になりますが、またインタビューを受けている人すら気がついていなかった視点なのですが、その視点や質問によって学びになるというものがあります。

これは、質問を適当にするのではなく、ストーリーや仮説をしっかり持ちつつインタビューしている点にポイントがあります。今思いついたような質問をしても、そこ

にはリズムも、深掘りも生まれません。

「こういう出口にしよう」と考えながら質問をしていき、答えを埋めていくイメージです。「出口に近づけるためには、この質問をしなければいけない」「次のタイミングはこれを聞く」「ただ、その答えが薄い場合には、もっと深掘りをして」といった具合です。

どうでもいいことや再現性のないこと、本人が重要視していないことを聞いてもダメです。相手の反応をうかがいながら、質問をどんどん変えていきましょう。

質問を武器にした人

質問は、大きな武器になります。

「売れる営業マンとはどんな人か?」という文脈でよく言われますが、売れる営業マンとは、セールスやコミュニケーションスキルが高い人ばかりでなく、相手の話を傾聴できる人だと言われます。

これは、ある意味で言えば、当たり前であり、とても理に適っています。

自分の話を気持ちよく聞いてくれる人に、誰も悪い印象は持ちません。傾聴と合わせて、質問も織り交ぜることができたら、効果倍増です。

質問でアイデアを生み出せる

質問は、最強の武器です。質問することによって相手に好かれることができるし、相手の印象に残すこともできます。

だから、**成果を出す人ほど、どんな人に対しても質問をうまく使います。**技術として、質問力を高めようとしています。

質問の大きなメリットがもう1つあります。

それは、質問をすることでアイデアを生み出しやすくなるというものです。

アイデアは、脳科学の世界で言えば、情報物質の組み合わせでできていると言われています。つまり、情報物質がたくさんあればあるほど、組み合わせが増えるので、**アイデアが浮かびやすくなる**のです。

アイデアを生むための一歩目は、情報物質をインプットすることになります。

たとえば、二人の人がいたとします。

一人は、会う人、会う人に自分の話ばかりする人です。人の話を聞くことはしないで、自分の話ばかりする人です。

もう一人は、人に会うたびに必ず1つは質問をして、自分の知らないことを知ることをしようとする人です。

1日三人、年間1000人の新しい人にビジネス上で会っているとして、一人目の人は、常に自分の話ばかりしているので、相手から何かをインプットしようとは思っていません。二人目の人は、最低でも1000の新しい情報をインプットしていることになります。

この**質問の差＝情報インプットの差は、圧倒的な差になっていきます。**

2030年時点でビジネス上で最も大切なスキルが戦略的学習力です。戦略的学習力とは、効率的に学ぶことができる仕組みを持っていることです。まさに質問をすることが当たり前にできるようになると、ものすごく効率的に学ぶことができるのです。

アイデアを生み出すという観点からもそうですが、質問によって相手に好かれることもできます。結果として二人目の人は、いろいろなものを手に入れることができるのです。

具体的に、簡単そうに、短くを意識する

具体的に、簡単そうに、短くを意識する――。

これは、コミュニケーションの基本です。

「具体的に」とは、数字やわかりやすい実際の事例、1枚の表にする、グラフにするなど、いろいろな方法があります。

「簡単そう」とは、話を聞いている側がなんとなくあなたの話は難しいと思ってしまうと、話をほとんど聞かなくなってしまいます。「難しそうな話」→「自分には理解できない」→「聞かない」という流れです。

その流れを避けるために、**「話を簡単にする」「わかりやすくする」「シンプルにする」**ということです。

これは、話す順番や理解しやすいフレームワーク（結論から言うとか、理由は3つ以内にするなど）を取り入れたり、使う言葉そのもの、たとえ話などを調整すること

で良くなっていきます。

「短く」とは、言い換えれば、「話が長くなりすぎないように」ということです。端的に伝えること、グダグダと意味のない話をしないよう心掛けたいものです。

何を話すかでなく、どうやったら好かれるかを考える

たとえば、トイレに行きたくて仕方ない人に、相手がそのような状況であることに気づかずに、自分の一生懸命考えてきた事業プレゼンをしている人がいたとしたら、どのように思いますか？

結果は、うまくいくことはなかなかないでしょう。

実は、このように話の内容や話し方以外が原因で失敗していることが、いろいろな局面で起こっています。

ただ、本人は相手がトイレにどうしても行きたくて話がまったく入ってこなかったことに気づいていないので、ダメだった理由として、自分の話す内容や話し方が良く

なかったと解釈してしまうのです。
ここに、成果が出ない人が大きく誤解していることの真実があります。話す内容や話し方ではなく、そもそも「相手に好かれる」という優先順位項目を持っていない場合があるのです。

コミュニケーションは、「相手にどうやったら好かれるか」を常に最優先に考えたいものです。

「相手にどうやったら好かれるか」を意識して失敗することはありません。別に相手に媚《こ》びへつらえと言っているわけではありません。相手によってどうやったら好かれるかは異なりますが、それをうかがいつつ、好かれるように段取りしていくことが大切です。

そもそも、相手に「この人は良い人だな」と思われることができれば、多少プレゼンが下手でも、内容が不足していても、チャンスは十分にあります。

一方、相手に好かれずして、プレゼンがうまいからとか、内容が良いからという理由で選ばれることは、あまり多くありません。

人には必ず感情があります。多くの人は感情を優先します。そのため、良い悪いはさておいて、感情での判断が中心となります。

相手と自分の関係を構成する要素にはいろいろなものがありますが、話す内容や話し方は、構成要素の一部に過ぎません。これがすべてだと思ってしまっては、絶対にうまくいきません。

最終的な目的が相手がYESと言うことであれば、自分が用意してきた話をしなくても、YESという結果になればいいのです。

常に相手を見て、相手の目線で見ると、今は何をすべきか、自分はどう振る舞うべきか、気にしても気にしすぎることはありません。

「一番最初のお客様」というポジションをどんどんつくってしまう

誰かが何か新しい一歩を踏み出すとなっている場合、無条件に応援をしましょう。条件反射みたいなものにできると最高です。

「応援する」とは、ただ頑張ってくださいと思ったり言うことではなく、実際の形や行動が伴うことが大切です。

起業家は、「自分のつくったものが本当に売れるのか？」と口に出しては言いませんが、本当に不安でいっぱいです。良いものだと思っていても、実際に売れるまでは本当に不安でいっぱいです。僕もそうでしたし、今でも新しい商品やサービスを出すときは、お客様に受け入れられるかどうか、とても不安です。

そのような中で**最初に買ってくれた人は、一生忘れられない人になる**ものです。つまり、それだけありがたい存在で、感謝してもしきれないような人だったりします。

僕はお客様である起業家の商品やサービスを一番最初に購入させていただくことをできる限りやっています。

お店オープンの初日に一番に顔を出したり、一番空いていそうな時間帯に大人数で予約して行ったり、貸切での予約を入れたり、誰かのプレゼント用に購入させていただいたり……。そんなことをやっていると、泣いて喜んでくださるお客様が結構いらっしゃいます。

このように書くと、打算的なニュアンスにもなってしまいますが、誰かの挑戦やチャレンジの最初を応援することは、本当に重要なポジションだと思います。それは一生ものです。

これは起業家に限った話ではなく、何か新しい一歩を踏み出そうとしている人や困っている人がいたときに、あなたの真価が問われています。

お土産をご本人分はもちろん、そのご家族や従業員に買っていく

相手の方が本当に完璧で、自分からすると何も貢献ができないという場合がたまにあります。そして、一方的にいつも何かをしてもらってしまっているとします。

言葉では感謝の気持ちを当たり前に伝えています。先方は本当にできた方なので、見返りなんて求めていないと思いますが、それでも何かできることはないかと考えます。

また、自分の得意なことを先方も得意としている場合には、たとえば、僕はマーケティングが得意で、先方も同じくマーケティングが得意な場合、仮に先方の知らないマーケティング方法があったとしても、それをお伝えすることが、関係が弱いタイミ

ングだと、ちょっと失礼になることもあります。

このような状況の中で、僕がよく使う方法に、社長自身でなく、社長の会社の従業員の方や、ご家族にフォーカスを当てることをします。

社長に対してダイレクトにお役に立てないのであれば、社長が大切にしている人のお力になるということです。結果として、社長に喜んでもらうのです。

お金を借りた後に、圧倒的な進捗報告をする

起業をした後に、金融機関から融資を受ける人（お金を借りる人）はたくさんいます。これはもちろん悪い意味ではまったくなく、事業にはお金が必要ですし、融資を受けて事業を伸ばすわけです。

ただ、金融機関から融資を受けた後の対応が悪い社長が、10人いたら9人以上います。

融資を受ける前は、融資が受けられないと非常に困るので、金融機関に足繁く通い

ます。スピーディーにできる限りの想像をして、必要なものを用意をし、担当者との関係をつくろうとします。

しかし、いざ融資が実行されるとどうなるかというと、担当者にはまったく連絡をしなくなるわけです。もちろん、決まった金額と金利を毎月支払うという最低限のことはしているわけですが……。

担当者も多くの融資先や業務を抱えていますので、小規模の事業者であればこのような対応が普通だと思っているので、何とも思っていないと思います。

ただ、これではいけません。なぜならば、融資とは、基本的に一度受けて終わりというものではありません。追加で融資を受ける可能性も高いですし、追加融資に限った話でなく、**「相手に信頼される」ことをビジネスにおいては最優先として動くべき**だからです。

では、どのように動くことが理想でしょうか。

僕の場合、毎月、担当者の方に会社の試算表をお送りするようにしています。

それもただ試算表を送るのでなく、年間計画を合わせてその進捗という文脈も入れます。わかりやすい解説も入れます。基本的には電話で少し報告をする程度ですが……。期末や新しい期のタイミングでは、1年間の事業計画を金融機関の方にお越しいただきご説明をするようにしています。

このようなことを毎月欠かさずにやっています。

これは、普通に考えたらわかることですが、逆の立場であなたが融資担当者だとしたら、どちらのほうが印象がいいですか？　信頼できますか？　応援したくなりますか？

お金を借りる前にはものすごく連絡が来ていたものの、お金を貸したらパタッと連絡がなくなった人と、**お金を借りる前も後も、相手の目線に立って必要な報告を頻繁にしている人**です。

当然、後者のほうがいいですよね。

これは、お金の貸し借りだけの問題ではありません。

常に相手からどのように見えるのか、相手に好かれる、相手に信頼されるという目線で、自分がどのように動くのかを決めるべきです。ぜひ見直して、どんどん改善しましょう。

お金を借りようとしない、お金のみならず、その先のリソースまで借りる

金融機関から融資を受けられると、融資を受けたタイミングで担当者への連絡をしなくなる――。

金融機関の担当者は、ビジネスパートナーです。ビジネスパートナーに不義理をするのは、実にもったいないことです。

金融機関の担当者との信頼関係があると、「しっかりとした人だ」という信用だけにとどまらず、別のものを提供いただけたりします。

毎年の事業計画を担当者の方に説明し、毎月進捗報告をしているので、自社の事業の特徴や課題などを、担当者も当たり前に理解してくれます。毎月コミュニケーションを取ることで、実は「ザイオンス効果」も生まれています。

毎月の進捗報告で、課題やご相談事項という項目をつくっておき、その内容も伝えます。すると、全部が全部ではありませんが、できることを最大限に見つけてくださ

って協力してくださることがたびたびあります。

弊社は、事業をやっている人向けに売上のアップを支援することがメインなので、マーケティング上、経営者や事業をやっている方との接点を大切にしています。そのことを相談すると、ある金融機関の担当者の方が、「自社の融資先を集めたランチ交流会があるので、そこのランチ交流会で、メンターとして参加しないか」という提案をいただくこともあります。他にも、定期的な勉強会での講師オファー、お客様の中で相性の良さそうな会社をご紹介いただくこともしばしばです。

「これって、金融機関なら当たり前の仕事でしょ?」と思われるかもしれません。しかし、金融機関もたくさんの取引先があるので、どの会社に対してもできるわけではありません。

結局は、すべて人がやっていることです。よく会う人や信頼できる人に対しては、「何かできることをしてあげよう」と思うのが人の常です。

金融機関との関係を、融資を受けて終えてしまう人がほとんどですが、考え方を変えれば、一気にチャンスが広がることがあります。

素直に「〇〇について教えてほしい」と相談し、相手に対してとても頼りにしていることを示す

圧倒的に成果を出している人はとても強くて、何でもできるイメージを持っているかもしれませんが、そんなことはありません。

驚くことの1つに、**「いい意味でプライドがない」**ことがあります。悪い意味でプライドがあると、相手に対して、素直に自分のことを見せることができません。

結果として、わからないことを聞くことを恥ずかしいと思ってしまったり、素直さや柔軟さなどが感じられないため、相手も「協力したい」と思いにくい状況になってしまいます。

これは、明らかにチャンスを遠ざけている、「行動の品質」を低下させる行動です。素直さ、つまり、誰からであっても知らないことを学ぶという姿勢は、相手に「協力してあげよう」という気持ちを起こさせます。

無駄なプライドによって、チャンスを失ってはいけません。相手のほうが詳しいと

わかれば、素直に「教えてください」という姿勢を示したほうが絶対に得です。気持ち良く「教えてください」と言われたら、相手も気持ち良く「教えてあげよう」と思うものです。

他社の力を借りて、自分の宣伝や自分の強みをつくる方法

「他社の力を借りる」ことは、成果を加速させます。これは、自分の力だけでは限界があるとも言えます。

僕のお客様に税理士がいました。この税理士は、まだ「クラウド会計」という言葉が世に出ないときから、クラウド会計のシステムを開発している会社を1社決めうちして（欲張らずに1社に集中）、クラウド会計専門の税理士として、その会社の普及などに努めました。

数年後、クラウド会計という言葉が世間一般に広く認知されて、クラウド会計を選ぶ人が圧倒的に増えた現在、この税理士はクラウド会計専門の税理士としてのポジシ

ョンを確固たるものにしています。

最初に応援をした会社も大きな会社となっており、その会社からもお客様をかなり紹介してもらったり、会社主催のセミナーなどでは、その税理士に講師としての登壇の機会が回ってきています。

クラウド会計という言葉やマーケットは、この税理士がつくったわけではありません。

このように、今後を考えたとき、どこに風が吹くのか、どこが大きくなるのかという視点を持って、圧倒的な追い風に乗っかることも大切です。

「棚から牡丹餅」という言葉があります。

これは、思いがけない好運を得ること、労せずして良いものを得ることのたとえとして使われます。

ただ、思いがけない好運を得ること、労せずして良いものを得ることという意味合いでなく、実は「牡丹餅が落ちてくる場所にいたことが大切だ」という見方もあります。これは、まさにどこに牡丹餅が落ちそうかを予測して、そこにいることを指しています。

どこに風が吹くのかを自分なりに予想しながら（未来を予想しながら）、できる限り多くの種を蒔《ま》いておきましょう。

80％の部分だけは自分の20％で行ない、細部の調整はアウトソースしていく

ビジネスの世界では、時間対効果、費用対効果という言葉がよく使われます。時間と効果、費用と効果、それぞれ対で考えるべきなのですが、これらを対で考えられない人がいます。

成果が出ない人は、時間と効果、費用と効果の「効果」を見ていません。

時間や費用に対して効果が圧倒的にいいものであれば、そのことをどんどんすべきです。ただ、成果が出ない人は、効果に目を向けず、効果からの判断ができないため、手元にある時間や費用で何をするか、しないかを判断します。効果は考えずに、時間や費用のみで選択してしまうのです。

圧倒的な成果を出す人は、とにかく「効果」を気にしています。投資したものに対

しての効果が良ければアクセルをどんどん踏み、と同時に、他にもっと投資対効果の良いものがないかと、いつも探しています。

「自分以外の人の時間をうまく使う」という発想をするなど、投資対効果の考え方をうまく使えるようになると、仕事の仕方、日常の選択が変わってきます。

たとえば、あなたでなくてもできる仕事や、誰がやっても結果が変わらないような仕事を、あなたが時間を使って行なうことはなくなります。なぜなら、投資に対しての効果が悪いからです。

あなたがやれば効果が変わるものだとしても、

◎Aという仕事は、100の時間を使って300の効果がある。
◎Bという仕事は、100の時間を使って350の効果がある。

とすると、他に変わりがなければBを選ぶでしょう。

さらに、成果を出す人は、「あなたの時間を使えば、ずっと高い効果が出続けるのか」と疑って、投資と効果を冷静に見て判断します。

「0から始めて50の時間を使うと、200の結果が出る」とします。

ただこれは、100の時間を使っても400にはならず、250にしかならないこともある、ということです。

このような場合には、50の時間で200という、時間対効果の一番良いところまでをやって、残りの部分にあなたの時間を使わないようにするべきかもしれませんし、そもそも「50の時間で200のところまでやって、そこで終わり」にするのが、投資対効果の観点から言えば、一番優れているかもしれません。

あなたの時間は限られているので、あなたの時間を使って一番効果の高いものを選ぶべきですし、それ以上の時間を使っても、効果がさほど変わらない、効果の伸びが最初に使った時間ほど出ないのであれば、他の投資物を見つけたほうがいいでしょう。

この使い分けができない人が本当に多くいます。

一番悪いケースは、効果がまったく出ないことに固執してやり続けることです。「その方法では、いくらやっても効果が出ない」ことをやっている人が本当に多いのです。

また、「それ以上の時間を使っても、効果はあまり変わらない」という限界値に近づいており、次の方法に時間を使ったほうが効果は高いのにやり続けてしまう人がいます。

時間を使うなら、かけた時間に対する効果を見ることを徹底すべきです。

座学で勉強すると同時に、すぐに学びをシェアする機会をつくる

今日の授業内容を、あなたが明日講師として誰かに教えないといけない場合とただ授業を受ければいい場合。

授業を受けている60分間は、どちらのほうが有効なものになるでしょうか？

時間を使うときは、常に出口を明確にし、ゴールを意識して、「今何をすべきなのか」の状況を自らつくるべきです。

時間を使うときは、必ず効果が求められます。

効果を最大化するために、出口を決めなくてはいけません。

出口があれば、出口がない場合に比べて、同じ60分でも、集中力はもちろん、得る

もの（先生の教え方も見ることになるでしょう）も変わるし、増えていきます。

出口は、明確であればあるほど良いのです。

「明確である」とは、今日の学びは、何に、いつ、どのように使うのかといったことが明確になっている状態です。逆に言えば、何に、いつ、どのように使うのかといったことが明確になっていない学びは、ただの趣味レベルの学びになってしまいかねません。

貴重な時間を投資するのですから、その投資した時間に対する効果に、誰よりもうるさくなくてはいけません。

出口が今の時間をいっそう有効なものに変え、その出口を誰かへの貢献になるように考えたり、つくることができると、あなたは1つの学びで大きなことを得るわけです。圧倒的な成果を出す人は、常にこの出口を意識しています。

コンサルティングを受けてきた内容や実践事例をわかりやすくまとめてノウハウ化

次の例も、**出口を意識しながら、今の時間を過ごす**ということです。

たとえば、あなたがお客様として誰かに何かを教わっていたとします。何でもかまいませんが、ここでは、経営のコンサルティングを受けていたとします。

経営コンサルティングを受ける目的は、自社を良くするためです。この目的が達成されればいいわけです。ただ、同じ時間をその1つの目的だけに過ごすのではなく、その目的自体の達成率も上げるような仕掛けや、その後の広がりを考えておくといっそう効果的です。

僕であれば、経営コンサルタントから教わったことをわかりやすくまとめます。教わったこと、やったこと、それに対しての経営コンサルタントからのフィードバック、フィードバックを受けてのアクションなどを、事実ベースでまとめます。

このまとめ自体が、まさに経営コンサルタントのノウハウを実践した、生きた証になります。

このレポートのようなものを、社内の事業責任者と共有をしてもいいですし、レポート自体を「トップコンサルタントに教わり、3カ月で○○が3倍改善したノウハウ」という形で、お客様をはじめ、見込みのお客様に配ってもいいかもしれません。

レポートをベースにして、「やってきたことを共有する会」を開いてみてもいいかもしれません。

自社がやることは、常にお客様をはじめ、誰かにつながっていることを意識しましょう。

1人でやらずに、仲間を巻き込み、目的を複数にして、コミットを高める

何かを続けようと思うと、一人でやるよりも複数人でやったほうが、また、1つの目的のみに絞るのではなく、複数の目的を持ったほうが、続けやすくなります。

この考え方は、「決めたことをやり切る」という意味で、とても大切です。

何かをやろうと思ったら、一人でやるのでなく、また、自分のためという目的だけでやるのでなく、**誰かを巻き込み、そのやることから得られる目的だけでなく、巻き込んだ人との関係強化という新しい目的を入れてみてください。**

たとえば、僕には、自分の健康のために基本的に一人で行っているサウナという時

間の使い方があります。一人で行くことはラクなのですが、別に一人で行きたいわけでもありません。

基本的に、サウナには一人で行っているのですが、最近はたまに、サウナに行くときに、近頃コミュニケーションを取っていないけれど、気になる人（近況など知りたい人、コミュニケーション取っていないけれど関係の濃い人、ちょっと濃くしたい人など）を誘ってみたり、ＳＮＳで呼びかけて、反応してくれた人と行くようにしています。

サウナに行ってやることは、サウナに入って、水風呂に入るというサイクルを3回転、計60分ぐらい過ごすことは変わらないのですが、その間、一人だと心身のリフレッシュとか、思考の整理（これがあるので、一人で行きたいときもあります）をします。

僕の場合、サウナに行く一番の目的はリフレッシュなので、サウナに入って、60分くらい過ごすことができれば目的は達成されます。この目的が達成されないと本末転倒になってしまうので、目的が達成されることを担保しなければいけません。

その前提で考えてみると、僕の場合、サウナに入っているときに誰かと話すことは何ら目的に影響しません。

もし誰かを誘って行けば、リフレッシュ＋その人との関係強化になるのです。また通常のオフィスやカフェでのミーティングと異なり、サウナという特別な場所での経験の共有にもなり、その人との関係も一気に深くなります。

最近は、知っている人に限らず、ＳＮＳで数名集めて一緒に行ったりするため、新しい出会いも生まれています。僕のサウナ好きがきっかけで、サウナが好きな社長からも逆に声がかかるようになって、広がりを見せています。このように、サウナに行くという1つのことを見ても、目的を複数化することは可能です。

誰でも持っている自らの休眠資産を生かして成果を出す

実は、みんな誰しもが資産をたくさん持っています。ただ、自分目線しか持っていないと、それが資産であることや、それを誰かに使ってもらおうという発想にはなりません。

最近の日本全体のキーワードの1つに「**シェアリング**」があります。

シェアリングとは、自分にとってはあり余っているものを他の誰かにシェアするという発想です。自分にとっては価値がないものでも、他の誰かにとってはものすごい価値があるものなのです。

その接点は、今やメルカリのようなフリマアプリから、車、駐車場、家などのシェアリングサービス、スキルや高級ブランド品、服、場所など、たくさんあります。

このシェアリングの発想を個人にも落とし込んで使えるようになると、相手を喜ばす力をはじめ、提案力が格段に上がります。

たとえば、僕がよくやっていることとして、自社の社内向けの研修をお客様に開放するということがあります。僕が成果を出す人の考え方や営業の仕方などをリアルに話すのです。

現在、一般的にお客様向けに講演をするとなると、そこそこのお金をいただいています。ただ、全国を回って講演会を頻繁にはやっていないこともあり、いざこのような機会を持つと、参加したいと思ってくれるお客様がたくさんいます。

自社の社内研修で新人向けだと、2、3名の新人のために3時間を使うのですが、ここにお客様も交えてやれると、僕の時間の最大化もできるわけです。お客様も喜んでくれますし、原価が変わるわけでもありません。

また、研修風景は必ず動画を撮っておきます。なぜなら、この研修自体が本当に質の高いものであれば、この動画自体が価値を持ちます。この動画をお客様に配ったり、お客様が社内研修できないような場合には、お客様の会社内で観てもらうなど、いろいろな使い方ができます。

他にも、オフィス自体をお客様にシェアできたらいいなと思い、オフィス選びでは、自社だけではちょっと広いぐらいのところを選んできました。

お客様の中には、オフィスを持てない人がたくさんいます。そのような人がいたときに、すぐにうちのオフィス使ってくださいと言えるようにするためです。

今ではコワーキングオフィスを運営するまでになっています。ただ、コワーキングオフィスとしてマネタイズ、収益を出したいわけではなく、お客様への価値貢献の1つのカードとして使えるようにしているのがメインの目的です。イベント会場を探しているお客様がいたときに使ってもらうとか、関係強化をしたい人がいたときに無償で使ってもらうためです。

さらに、**僕の営業の時間も、シェアリングの対象**にしています。

基本的に、僕がお会いするのは社長しかいません。また、僕と社長のアポイントは長時間に及ぶものではないことが多く、自社の目的が終わって、まだ時間があることがあります。そのようなときに、僕のお客様の会社で、会っている社長と合いそうな会社のことを、簡単に営業をします。僕と会っている社長の信頼関係があれば、社長はほとんどの確率で、その紹介をした会社とのアポに応じてくださいます。このように、1件のアポイントで、40～60分取ってみても、自分だけの時間として使うのか、他の誰かの役に立つことができるのではないかと考えることで、いろいろなチャンスが広がるのです。

他にもたくさんのシェアリングを実践的に使っていますので、ここで列挙しておきます。

◎名刺の裏にお客様の宣伝を数社記載
◎アポイントにはお客様のチラシを数社持って行く
◎自社主催のセミナーやイベントでＣＭ的にお客様を紹介

◎地方のオフィスをお客様と一緒にシェアリングして利用
◎自社開発のシステムをお客様にシェア
◎自社サイトのブログをお客様が使えるように開放（お客様自身の会社のブログがものすごいアクセス数にあるため、その読者層に合うサービスなどを展開できるように、弊社ブログにブログを書けるようにする）
◎自社のマーケティングノウハウとお客様の専門ノウハウを交換

などです。

このような使い方をしていると、使ってくれた人が持て余しているリソースをシェアリングしてくれます。お金のみの交換手段では絶対に生まれない、価値の交換が生まれやすくなるのです。

自分にとっては余っているものなので、どんどんシェアしたらいいのです。ここでケチになってはいけませんし、余っていること自体が無駄です。それをチャンスに変えられるのです。どんどんチャンスに変えましょう。

相手に対して先にこちらが貢献できるきっかけにもなるので、関係の強化をしていく上で、このような休眠資産のシェアをやっています。

新人に、習ったことをシェアさせる

僕は、会社に新しく入った人にも、いくつかのミッションを課すようにしています。

1つのことにいくつもの目的を持つこと。そして、やっていることの出口をたくさんつくることです。それによって、やっていることの精度が上がりますし、1つのことから、たくさんのものを得ることができます。

新人に課しているミッションは、次の4つです。

①日報を書く。
②日報をnoteに書く。
③日報を見て、新しく入る人が参考になるような目線で書く。
④日報を書き続けることで、その領域において役に立つデータとなる。

①は、シンプルに日報を書くことです。日報を書くことによって、1日どうだったのかを振り返ることができますし、社内の上司などもその日報を見て、コミュニケーションをすることができます。

②から通常の会社と異なると思います。日報をただ適当に書かせるわけではありません。noteに書くことをマストにしています。noteは今一番流行っているブログのようなものです。noteに書かせることで、とても拡散性があり、多くの人が読んでくれる可能性が生まれます。

つまり、日報を自分のため、上司との関係のためだけにしないのです。

自分のためだけ、上司との関係のためとなってしまうと、僕であればあまり日報を書くモチベーションが生まれません。

でも、もしかしたら1万人の人が読むかもしれないとなると、日報1つとっても、書くことやその準備が絶対的に変わります。日報を書くことを通じて、いろいろなことを学ぶことができ、工夫が生まれます。

③は、日報を自分のため、上司との関係のためだけにしないことの一環で取り組んでいます。新人の目線で日報を書いてもらいつつ、その日報が今後入社してくる未来

の新人の参考になるように、カテゴリーやフォーマットなどをしっかりと決めてやります。

また、新人から見た、会社全体の改善点などを出してもらったり、明らかに再現性や内容がいいものをピックアップして、新人用の研修マニュアルにその内容を追記するようにしています。

ですので、日報は、自分のためでありつつも、これから入社をする人にとっての事前研修テキストや役立つ辞書のような存在になることを目指して書くように伝えています。

④です。日報は毎日書いてもらうので、内容もどんどん良くなっていきます。途中からは、ただの日報でなく、読んだ本と業務をリンクさせて書かせたり、実際のお客様の事例などを書かせます（もちろん、抽象化してです）。すると、内容がどんどんおもしろくなっていき、社内外問わず、役に立つブログとして機能し始めることがあります。

このレベルの日報に、たまに自社サービスや自社サイトのリンクを貼るなどすると、そこからのアクセスの流入があったり、ＳＥＯ対策としても多少有効なリンクになり得る可能性が出てきます。会社自体のPRなどにもつながるのです。

このように、日報という1つのことにいろいろな意味を見いだすことで、一石五鳥を取りに行けるようになります。まさに、行動の品質が高まっていきます。

誰も知らないSNSやブログの本当の活用――とんでもない結果を生める

スマホ全盛のSNS時代にあって、SNSを個人として圧倒的に使いこなせるようになることは、とても大切です。SNSと言っても、いろいろなSNSがあります。すべてに詳しい必要はなく、1つでいいので、自分が選んだSNSに注力してください。

たとえば、ツイッターを選んだとします。そうしたら、**自分の専門性や得意領域を中心に発信するアカウントとしてフォロワーを増やす**ことを目指しましょう。

このフォロワーを増やしていく過程に、ツイッターをうまくやるノウハウが詰まっています。あなたがこのノウハウを体得できると、他の人にこのノウハウを伝えることができるようになります。

また、あなたのことをフォローする人が増えると、単純にツイッター上で仕事がたくさん発生します。新しい人とも、どんどん会えるようになります。

今、ベンチャー経営者は、社長自らツイッターの運用に力を入れています。それは、ツイッターをやることに、さまざまなメリットがあるからです（頭の整理、自社の広報、マーケティング、採用、コラボ、インプットなど）。ツイッターは無料でできます。

ツイッターをうまく使いこなし、自分の専門領域や得意領域の発信を中心に、フォロワーが数千人いるビジネスマンは、世の中にたくさん存在します。

この人たちはサラリーマンであることもありますが、ツイッターというたった1つのSNSを通じて、ビジネスや事業計画の立て方やコミュニケーションなども学ぶことができています。ツイッターをきっかけにして、さまざまな人との事業に発展させたり、ツイッターが集客の基軸になったり、ツイッターの運用を上手にやることで新しい仕事が生まれたり、営業マンが社長から請われて簡単にアポイントが取れるようになったり、この瞬間も目撃しています。

現代は個人の時代と言われています。個人の時代とは、個人が自ら力を持つ時代のことです。結局、力のない個人はやっていけません。成果を出す人は、SNS1つとっても、しっかりと目的意識を持ち、コミットし、PDCAサイクルを回し、チャンスに変えます。

インタビュアーというポジションをつくり、取材の形に持ち込む

個人の時代にあって、個人がメディアよりも力を持つことができる時代です。SNSでの対談など、仰々しいTVよりもよっぽど人に見られる力を持っているものがあります。

あなたがSNSやブログを1つでも使いこなし、コミットしておくことで、そのSNSやブログ内で、いろいろな企画を打ち出すことができます。その定番として、とても効果的なのが、**誰かとの対談やインタビュー**があります。

対談やインタビューの依頼が来たら、ほとんどの人はうれしいものです。自分が認められたと思います。

この相手から見たときに、うれしいとか、認められたという構図をつくり、いつでも提案できるような状況を持つことができていたら、本当に強いですよね。

たとえば、地域のラジオ番組（超格安または無料）などは、本当に安い金額で番組を持つことができます。ラジオ局などで自分の枠を持ち、ゲストを呼ぶという型をつくってもいいかもしれません。ラジオの視聴者との関係では、費用対効果は怪しいかもしれませんが、このような使い方で考えると、相当に費用対効果はいいような気がしています。

WIN‐WIN‐WINの順番を正しく知っている

ビジネスにおいて「WIN‐WIN」という言葉がありますが、実は、**WIN‐WIN‐WIN**であると考えてください。三方よしです。

3つのWINとは、**お客様（市場）**、**相手方（提携先）**、そして、**自分**です。

あなたが提携先と一緒に力を合わせて（コラボレーション・提携）、何かしようとしているとします。その際、この2者だけを見てＷＩＮ－ＷＩＮとするのはいけません。

根本的にこの提携関係がうまくいくためのルールをわかっておく必要があります。

なぜ、この2者だけではダメなのか？

そもそも、あなたと提携先は、誰からお金をもらうのでしょうか？

それは、共通のお客様です。お客様からお金をいただきます。

つまり、一番重要なことは、**あなたと提携先が一緒に力を合わせることで、共通のお客様が今以上に喜ぶという結果が出るようにしなければいけません。**

「一緒に何かをやりましょう」と、至るところで提携の話がありますが、結果になかなかつながらないで頓挫《とんざ》してしまうのは、まずは共通のお客様のＷＩＮが考えられていないことがあります。

ＷＩＮ－ＷＩＮという言葉をよく聞きますが、ＷＩＮ－ＷＩＮではそもそも成り立ちません。共通のお客様のＷＩＮをまず考え、ＷＩＮ－ＷＩＮ－ＷＩＮを思考するようにしましょう。

何かを円滑に確率良く動かそうと思うと、全体をしっかりと見渡して、どこが肝となりそうかを見誤らないことが大切です。

また、3者間の問題だとわかると、そして、お金の根本的な出所を考えると、WINの順番もおのずと決まります。

共通のお客様がまずWINになり、提携先がWINになり、最後にあなたがWINになるような絵を描いて、提案をしなければいけません。ただ、巷ではこれが逆になっていて、しかも、そもそも共通のお客様のWINがない話が多すぎます。

成果の出ない人に限って、自分のWINを最優先で考えたような提案をしがちです。

提携先からすれば、「なぜあなたのWINに協力しないといけないのか?」と思ってしまいます。

WINになるべき順番がわかっていれば、提案の仕方もある程度決まってきます。

今、共通のお客様には○○という課題があります。

この○○を解決できたら、お客様はもっと喜んでくださいます。

御社の△△というノウハウと弊社の■■を合わせると、すぐに解決できるかもしれません。このような関係で提携ができると、自社のお客様や見込みのお客様にも、御社との提携サービスをご案内することができ、御社にとって新しいお客様の開拓、獲得につながります。弊社にとっても御社と組ませていただくことで、商品が圧倒的に強くなることや、今ではリーチできていなかったお客様層にリーチできるようになり顧客拡大が見込めます。ぜひ一緒に取り組みをさせてください。

大切なことは、共通のお客様の問題解決、ＷＩＮを最優先にして考え、その次に、提携先のＷＩＮを考えていることです。

このフレームはとても実践的で効果的なので、ぜひ使えるようにしてください。

1回会ったときにどう濃くするかでなく、2回目をどう早く会うかを考える

あなたは、**「ザイオンス効果」**を知っていますか？

「同じ人や物に接する回数が増えるほど、その対象に対して好印象を持つようにな

る」効果のことです。人が仲良くなるためには一緒に過ごした時間でなく、接触回数のほうが大切と言われています。

これをしっかりと現実世界のアクションに落とし込みましょう。

僕はこの人とは絶対に仲良くなりたいと思った場合、反射的に大事にしていることが、まさにザイオンス効果です。次に会うまでのスピードを最速にする、そして、会う頻度を確保できるように段取りします。

初めてお会いしたタイミングでの一番のミッションは、次にお会いする機会をいかに自然に、早いタイミングでいただくかです。

次にお会いする機会（日程調整まで）をいただくことができれば、初回のミーティングやお会いしたことのゴールは達していて、それで100点です。そこで終わってもかまいません。

そのまま一気に話を展開させていくことも、相手方の性格などによってあり得ますが、お互い盛り上がりすぎて、感情的になっているケースもあります。その場合は、わざと「今日はこのあたりで」と打ち切り、頭を冷やす期間を設けて、次回で話を一気に詰めるという段取りをします。

なぜなら、ザイオンス効果的にお会いする頻度を増やすことで、本当に仲良くなるからです。

本当にちょっとでもいいので、よく顔を合わせることはとても大切です。

「1回を長く」という考え方もありますが、頻度と会う回数をぜひ重視してください。テンポよく、リズムよくお会いすることが、相手との関係を間違いなく強くします。

丁寧なコミュニケーションをしつつ懐に入る

コミュニケーションの目的は、相手方に信頼をされることや、仲良くなることです(仲良くとは、友達というニュアンスでなく、フランクでありつつも、信頼されている関係です)。

そのためのコミュニケーションの仕方として意識すべきことは、大きく2つあると考えています。

1つは、当たり前なのですが、**当たり前とされる礼儀などの徹底**です。

いわゆる基本とされているような、結果として、失礼にあたることをしないコミュニケーションです。これは当たり前のことです。全体の中で、相手との関係の中で、自分がどのように振る舞うべきかという細部のコミュニケーション、動作の徹底から、スピード感、清潔感、知性を感じさせることまで、いろいろなことを含んでいます。

これは基本で、基本ほど奥深くとても難しいのですが、当たり前とされる礼儀ができれば「しっかりとしているな」と思われます。

基本的には、相手への尊敬があれば大事故にはなりませんが、細かい部分での動作やスピードという意味では経験も大切になります。さまざまな舞台に出て行き、さまざまな人と付き合ったり、お店に行ったりすることで、だんだんうまくなっていきます。

2つ目は、**1対1でのユニークな出来事や秘密などをつくり、共有できる関係になる**ことです。ずばり、相手の懐に飛び込むのです。

これは、コミュニケーションの手段というより、人と人との関係の結果としてのゴールのようなものと言ってもいいかもしれません。

この状態まで高めることができれば、人との関係としてはゴールかもしれません。

コミュニケーションをどこまでの幅で定義するかによりますが、懐に飛び込むコミュニケーションは、「相手に失礼にならないように」ということはもちろんなのですが、相手が嫌いでなく、実は言っていない、言いにくいけれど好きなことなどを見つけ出し、お互いの関係や全体の関係の中で、その塩梅を見極めながら、いろいろなお誘いや質問をしていくわけです。

僕がよくやっていることに、独身の社長に対して異性を紹介する、一緒に海外や地方出張などをつくって泊まる経験をする、その人がプライベートでとても大切にしている時間を共有していただく、自宅やご家族をご紹介いただく、といったことがあります。

当たり障りのないコミュニケーションができることは当たり前としても、それだけでは、相手にとってのあなたは、大勢の中の一人で終わってしまいます。

成果を生み出すためには、最終的には圧倒的に強固な関係を築かなければいけません。そのような前提の中で、相手の懐に踏み込むという攻撃的な側面（当たり障りのないコミュニケーションを守備とするならば）のコミュニケーションが取れることが大切だと考えています。

攻撃的なコミュニケーションができる人は、本当に成果に直結している人です。こんなこと言ったら、聞いたら、ダメなのではと思ってしまい、踏み込めないことが多々あります。それに終始してしまうと、相手の印象に残りません。

もちろん、自分が攻撃をするポジションでなく、他に攻撃をしてくれる人がいるのであればいいですが、あなた自身の成長という意味では、あなたが攻撃もしなくてはいけません。

攻撃的なコミュニケーションは定量化することはできません。相手とあなたの相性が何よりものを言いますし、**タイミングがとても重要**になります。

ただ守備的なコミュニケーション（こちらは比較的、ルール化されていたり型があるので、体得しやすい）がしっかりとできていれば、攻撃的なコミュニケーションの失敗もおのずと減ります。

懐に飛び込むとは、土足で踏み込むという悪い意味とは違い、いい意味で土足で踏み込むことだと理解し、意識しています。もちろん失礼にならないように段取りをして、入念な事前準備をしているのですが……。

他の人はなかなか言わない、突っ込まないことを意識するべきです。

ただ目立つという狙いだけで、そのような視点を持っているわけではありません。

本来、相手の懐にうまく入ること＝信頼される、仲良くなることができないといけないわけです。そのような状態をつくるためには、**一見すると聞きにくいものと、実はそうでないものを見つけられるか、質問を通じて探りながら、距離を詰めていく**のです。

また、どんなときでも、自分の考えていることや持論を言うことも大切だと思います。普段から相手に合わせつつ、自分の考えをしっかりと伝えることで、初めて成り立ちます。相対的に自分の考えを持って言える人は少ないので、その考え自体が明らかに見当はずれなどでなければ、問題ありません。あとは、話すタイミングを意識すれば大丈夫です。普段の関係の中で、自分の意見を相手に伝えることを心掛けていれば、おのずと相手も、「しっかりしている」とか、「意見のある人だ」と見てくれるはずです。

一人でいいので、最初に一番強い人脈をつくる

僕は「人脈」という言葉が好きではありません。そもそも人脈というと、自分のことを棚に上げている感じがするからです。結局、人は好きな相手やメリットのある相手でないと、付き合うことはありません。

人脈があるとか、スゴイというのは、結局、自分自身がその人脈に見合うだけの力を持っていないと、そもそも成立しないわけです。単に「スゴイ人を知っている」なんていうものは、まったく人脈にはなりません。人脈とは、あなたが困ったときに助けてくれる人のことです。この前提で人脈の話をしていきます。

人脈とは、間違いなく自分の力に比例して増えていったり、質が高くなっていきます。つまり、自分に力がないときは、人脈はつくりにくいわけです。相手にメリットがない、あなたが相手にメリットを提供しにくいので仕方ありません。

ただ、多くの人は、まだ自分に力がないタイミングであっても、ただひたすらに人

に会うことをしがちです。

もし、人にたくさん会うことを人脈形成の意味合いでやっているなら、すぐにやめたほうがいいでしょう。人脈形成の意味合いではなく、いろいろな人にとにかく会いたいという意図であれば問題ありません。

ただ単に「多くの人を知っている」は、決して人脈ではありません。ただたくさんの人に会っても、人脈は間違いなく増えません。

力のないときこそ、**人脈のないときこそ、一人の人に絞り込んで、徹底的に行動を共にさせていただくことをおススメします**。

自分よりも目線の大分高い、力のある人物一人でかまいません。その人にまずはかわいがられること、気に入ってもらうことに集中したほうがいいのです。その人との関係の中の経験・学びが、あなたの力を育み、他の人との関係でも必ず役に立ちます。

人脈とは、広さではなく、濃さがあっての広さです。まずは濃さをつくるべきです。

この一人の人があなたに誰かを紹介してくれるまで、一人の人にコミットしていいくらいです。この人が紹介してくれる人は本物である可能性がとても高く、この人の紹介ということで、あなたのことをかわいがってくれます。

これであなたのことをかわいがってくれる人が2人になりました。

このように、濃さをまず徹底的に大切にしながら、徐々に広げていくべきです。

そもそも交流会に行かないで、自ら会を主宰したほうがいい

交流会に行って人脈を広げようとする人がいます。もちろん、誰が主宰する交流会かで、また、どのようなポジションで行くのかによって、交流会も一定の効果は期待できます。

ただ、一般論として、多くの交流会には致命的な欠陥があります。

それは、人脈が欲しいとか、自分の困りごとを解決するために、ほとんどの人は参加をしている点です。

つまり、こういうことです。

世の中には、2人の人しかいません。

「TAKEする人」と「GIVEする人」です。

交流会には、ＴＡＫＥする人が圧倒的に多くいます。つまり、交流会で高い確率で自分の問題を解決することは構造的に難しいのです。

また、圧倒的に成果を出す人は、交流会に自ら行くことはなかなかありません（交流会に行くとしても、知らない人が主宰している交流会に一参加者として行くことはないと思います。それは行く意味がほとんどないことを知っているからです。しかし、知っている人が主宰している交流会に行くことはあるでしょう）。

理由は、ＴＡＫＥの人がたくさんいることを知っているからです。

さらに、発想としても、交流会に一参加者として行くのでなく、自ら交流会を主宰したほうがいいのではないかと思うからです。

一参加者として交流会に行く場合には、いろいろなコストとリスクがあります。最大のリスクは、会いたい人に会えないリスクです。これは、かなりの確率で遭遇するリスクです（ＴＡＫＥの人ばかりなので）。仮にスゴイ交流会だったとしても、一参加者という目線で、相手の人の印象に残りにくいという点もあります。

これが、交流会の主宰者だったらどうでしょうか？

誰が参加できるかを、あなたが決めることができます。また、交流会申込み者とは全員つながることができますし、交流会の一参加者からすれば、主宰者が会いたがっているとなれば、それは一参加者の目線で会うよりも、話しやすくなります。

交流会を主宰するメリットは、**交流会の一番の目的である新しいすばらしい人との出会いとその関係を深めるという唯一の目的に対して、一番効果的である点**です。

ただ人との出会いが得られるだけでなく、新しいことを始めるチャンスにもなりますし、交流会を主宰することで、いろいろな学びも得ることができます。ＰＤＣＡサイクルの総回転数にも寄与します。自分の成長をすべてに勝る目的にする、でしたよね。

◉復数人で主宰する

ここは少しテクニカルな話ですが、交流会は一人で主宰しなくてもかまいません。誰かと一緒に主宰してもいいと思います。

「誰かと一緒に主宰する」というパターンは結構見かけます。一人だと、いろいろな役割が重くて、やりきるのに苦労するケースが出てきますが、目的を共有しつつ、役割など協力してもらえる人を巻き込んで一緒にやれると、とても効果的です。

また、ちょっとメタ的に見てみると、巻き込む人との関係を強化したい、一緒にプロジェクトなどを持つことによって、会う頻度が自動的に増えるといったことも、別の目的としてもいいかもしれません。

僕がよく使うやり方ですが、この人とはぜひもっと関わりたいと思った場合に、その人との関係を強くすることを目的として、何か小さなプロジェクトや継続的なプロジェクトを企画して、「一緒にやりませんか？」とお誘いすることがあります。

自分主宰で何かをできる、過去にしたことのある人は、こういう意味でもとても強い選択肢を持つことができます。

交流会をやっていることで、その中でゲストとしてぜひ関係を強化したい人に来ていただくといったやり方は、よく使っています。ゲストとして声をかけられてうれしくない人はあまりいません。人が集まって、○○さんの話をぜひ聞かせてくださいと言われたらうれしいものです。このような選択肢を瞬時に選び取れるようにもなります。

◉交流会参加の条件に1人知り合いを連れてきてもらう

「類は友を呼ぶ」と言いますが、これはほぼ間違いありません。交流会やイベントの目的である「新しい人との出会いを強化したい」と思った場合に、2つの目的で、参加条件に知り合いを1人連れてくるという条件を盛り込むことがあります。

目的の1つ目は、イベントなどの参加者数を確保しやすくすることです。50人の人が参加をしてくれれば、その50人が一人ずつ人を呼んできてくれるので、すぐに100人になります。自分だけの力でなく、まわりの力も借りることをすべきですし、それを最初の設計に入れてしまうのです。

もう1つは、「類は友を呼ぶ」です。

すでに知っている人の中で、今回このようなイベントをやろうと思っているので、ぜひ来てほしいとご招待をします。声をかける人は、ご自身の中で良い人だと思っている人にします。良い人が連れてきてくれる人も良い人である確率がきわめて高いのです。このように、「類は友を呼ぶ」をうまく使って、あなた自身の人脈の質を高めていきましょう。

本を読んだので一度会いたいと言われると、時給10万～20万円の人に無料で確率良く会える

これはどうしても会いたい人がいたとして、でも現実的にはなかなか会えない場合の対応策です。または、相手に気に入ってもらうための1つの視点だと思ってください。

普通の文脈ではなかなか会えない人であっても、会うことができる方法はあります。それは、**「土俵や会う文脈をちょっとズラす」**ことです。

会いたい人のど真ん中の文脈で会おうと思っても、それは難しいわけです。たとえば、明石家さんまさんにお笑いの文脈で会おうと思うと、それはかなり難しいわけです。しかし、土俵や会う文脈を変えてみると、それが一気に実現するかもしれません。

良い人であればあるほど、人は新しいことを始めます。

つまり、チャレンジです。チャレンジとは、その人にとっても新しいことなので、うまくいくかわからないルーキーのような存在です。そのため、**新しく始めたことに**

対してポジションを持っていないので、とても会いやすい場合があります。

会いたい人が何か新しいことを始めますと言ったら、それは絶対にチャンスです。

「新しく自らが社長になり、会社を設立しました」とか、「新しく興味を持っていた領域でプロジェクトを組みました」など、さまざまなチャレンジが存在します。

ちょっとズレてしまうかもしれませんが、会いたい人が本を出したときもチャンスです。

それが初めてに近ければ近いほど効果的です。初めて本を出す人は、念願叶って本を出しています。そのため、その読者を大切にしようと思います。

僕も初めて本を出したときは間違いなくそうでしたし、今でも、最初に、「伊藤さんの本を読んだことがあります」とか、「本を読んでとても良かったので、ぜひ一度直接お会いして、事業の相談をさせていただけませんか？」というメッセージをいただくことがあります。通常であればおそらく断るケースであったとしても、本を読んでくれた人ということで、対応を変えるケースもあります。

実際に僕が著者としてメッセージをいただくこともありますし、あまりにも良かったなと思う本の著者に対して、僕自身がメッセージを託してお時間をいただくということをやっています。

そこでお時間をいただき、自社のイベントに来ていただいたりしながら、関係をつくっていき、今でもいろいろ教えていただいたり、ビジネスパートナーになっている人もいます。

著名な人と仲良くなりたい場合には、地方の懇親会付きの講演会が狙い目

これも、土俵を少し変えることと同じです。

東京ではなかなか会えない場合であっても、また、会えたとしてもいつも人に囲まれている場合でも、地方での講演やセミナーになると、東京と比べると格段に人が減ったりします。また、懇親会まで講師が参加するケースもしばしばあるので、懇親会付きの講演会に参加をすると、一気に距離が縮まると思います。

しかも、懇親会でわざわざ「実は東京から来たんです」などと言われたら、講師としても、確実に強い印象に残ります。

先日、地方での講演に呼んでいただきました。その際に2部制でもう1名著名な経営者の方が呼ばれていたのですが、懇親会、2次会、3次会までご一緒でした。結果として本当に距離が縮まり、東京で定期的にお会いする関係となっています。

ある意味、地方というシチュエーションで非日常的な空気があります。東京での講演などと比べて格段に人も少ないこととも相まって効果的なのでおススメです。

取引したいと思ったら、相手のお客様になるのが手っ取り早い

成果を出す人がよくやる方法です。僕もよく使っています。

この人と一緒にこれからいろいろとやっていきたいと思った場合に、通常であればミーティングを重ねながら進めていくことになります。しかし、簡単にミーティングをしてもらえる相手であればいいのですが、そうでないことがしばしばあります。それでも、どうしてもこの人と何かがしたいと思っているとします。

その場合には、**早々とその人のお客様になってしまう**、という手がいいかもしれま

せん。相手も人間ですので、自分の商品やサービス、自分が力を入れているものを買ってくれた、評価してくれたとなれば、とても好意的になってくれます。

また継続的なビジネスをしている場合であれば、サービスを利用させてもらうことで、継続的にコミュニケーションが取れるようになるわけです。

その中で、お客様の立場に甘んじることなく、いっそうの貢献などを通じて、無視できない存在になれると、この人との取引やこの人とのプロジェクトが現実味を帯びると思います。これも根底として、「相手がどうやったらそもそも喜んでくれるのか」を考えることが大切です。


先日、起業家として本当にカッコいい、話題ときめく某商品をつくっている社長にお会いする機会がありました。僕は嗅覚的・直観的に、もっといろいろと教えてほしい、近くにいさせてもらうべきだと思いました。

例の如く、僕はなかなか社長にメリットの提供ができなさそうな状況でした。ただお話を伺っていて、とてもラッキーな話題を耳にしました。それは、これまでの事業とは少し違う新業態の店舗を横浜に美容室とコラボで出したというものでした。

これはラッキーだと思いました。新しく人が何かを始めるときはチャンスです。何度も書きます。人が新しく何かを始めたときは絶対にチャンスです。

このときは、母親の誕生日や敬老の日などのイベントが近くだったのと、横浜は僕の地元で母親、祖母もいるので、社長にその美容室を3名分予約したいとすぐにお願いをしました。

社長も東京でミーティングをしている人で、横浜の商品を買ってくれる人はなかなかいないこと、新しい業態の店舗ということもあり、その店舗がうまくいくことに意識が向いていたため、条件反射的に僕がすぐ予約をしたことなどから、とても気に入ってくださいました。

予約をしてもらった後で、実際に母や祖母を店舗に僕が連れて行きました。本当にすばらしいサービスだったので、家族がその会社の商品を購入しました。このことをメッセージで社長に伝えると、本当に喜んでくださいました。今では月1回程度食事に連れて行ってくださる仲となり、同時に、いろいろな社長の仲間の社長をご紹介くださるようになっています。

メンターというポジションを活用する

メンターとは、人がお願いをされて嫌ではない言葉であり、ポジションです。このように、人の心をくすぐるようなポジション、言い方を換えると、目的が円滑に達成できることがあったりします。

メンターは少し使い方など難しいかもしれませんが、あなたが真剣な人だと思われていれば、**「ぜひ自分のメンターになってほしいです」**と言って、即断られるということはないと思います。僕も「コンサルしてほしいです」と言われると断ると思いますが（1社1社のコンサルをやっていないので）、「メンターになってほしいです」ともし言われたら、その人が明らかに真剣であれば、お引き受けすると思います。

メンターという、なかなかいないポジションを打診されたうれしさと、自分にとってもあまりない試みだからです。

ポジション一つ、名称一つで、人を動かすことができることがあります。ぜひ頭を使って工夫してみてください。

おわりに

最後までお読みいただきありがとうございました。

このように本を書くことができるのも、すべては僕が健康であり、そもそもで言えば、この世に存在していられるからです。それは、遡れば過去すべての人がいたから今の僕があるわけです。すべてのことに感謝をしなければいけません。

僕は23歳のときに死を意識する病気にかかり、小学校のときの親友4名、資本金5万円で起業しました。起業家支援を開始し、会社設立、資金調達の相談を1年で1000社以上受けました。

ただ、起業家支援を行なっている中で、〝成果が出ずに死んでいく〟起業家の多さに愕然としました。

そこで僕は、今まで以上に自らインプットとアウトプットを繰り返して自分を高めながら、老若男女、地域、業種を問わない起業家1000人以上の成果だけにコミットしました。

おかげさまで、地域NO1の事業主や、メディアを席巻する起業家を多く輩出することができたのですが、頑張っているのに成果が出ない人が一定数いる。その差が、「行動の品質」であることに気づいたのです。起業家支援を始めて6年後のことでした。

その気づきがあってから、成果につながる「行動の品質」を高める方法をお伝えするセミナーや講座を年間100回ペースで、全国で実施しています。

ただ、「行動の品質」の重要性を一人でも多くの方にお伝えするには、このペースでは足りません。一生懸命頑張っているのに、やる気が人一倍あるのに、成果につながらない……。そんな人を一人でも多く減らさなければなりません。

まだお伝えできていない人にお伝えしたい、届けたい。

そんな思いを込めて書き上げたのが本書です。

この本を読んでくださったあなたには、「行動の品質」の重要性について少なからずお伝えできたと思っています。もし本書の内容があなたの日常に少しでもお役に立てたなら、僕の本望です。

ここからは1つお願いです。

もしあなたのまわりに「行動の品質」の重要性に気づいていない方がいらっしゃいましたら、ぜひあなたからその方に教えてあげてください。あなたが伝えてくださり、それが水の波紋のように伝わっていくと思うだけで、とても救われます。

本書を通じて、あなたに出会えたことに感謝いたします。またいつかどこかで、お会いできることを楽しみにしています。

2021年1月

伊藤健太

【著者プロフィール】
伊藤健太（いとう・けんた）
株式会社ウェイビー代表取締役社長。徳島大学客員教授。iU 情報経営イノベーション専門職大学客員教授。世界経済フォーラム U33 日本代表。慶應義塾大学卒業後、23 歳の時に病気をきっかけに小学校時代の親友 4 名、資本金 5 万円で起業。6 カ月以上売上が立たず、クレジットカードでの借金生活を過ごすも、低コストのマーケティング手法を多数考案。会社設立や資金調達を支援する事業を開始し、相談件数が 1 年間で 1,000 件を超える。起業家向けマーケティングのコンサルティング事業も開始。国内有数の独立・起業支援の会社 となり、支援者数は 10 年間で 1 万人を超える。現在、小さな会社、個人事業主、副業者の売上向上のためのサービス「01 クラウドシリーズ」を展開。独立・起業を応援するメディア「01 ゼロイチ」は、月間ユーザー 30 万人を超える、日本トップクラスの起業系メディアとなっている。

◆ 01 ゼロイチ：https://suke10.com/

行動の品質

2021 年 1 月 20 日　初版発行
2021 年 2 月 22 日　3 刷発行

著　者　伊藤健太
発行者　太田　宏
発行所　フォレスト出版株式会社
〒 162-0824 東京都新宿区揚場町 2-18　白宝ビル 5F
電話　03 - 5229 - 5750（営業）
03 - 5229 - 5757（編集）
URL　http://www.forestpub.co.jp

印刷・製本　中央精版印刷株式会社

ISBN978-4-86680-116-2　Printed in Japan

行動の品質